Deborah Adele

Yama und Niyama

Dieses Buch widme ich

Yogiraj Achala,
der diese zehn Prinzipien in meinem täglichen Leben
lebendig werden ließ,
und allen fühlenden Wesen.
Möge diese Entdeckungsreise euch auf eurem Weg
weiterbringen!

Hinweis für den Leser:

Ich wünsche Ihnen allen Segen dieser Welt, während Sie lernen, zu einem kompetenteren Mitgestalter Ihres Lebens zu werden. Mögen Sie tagtäglich von neuen Möglichkeiten und unsagbarer Freude überrascht werden!

– Deborah Adele

Deborah Adele

Yama und Niyama

Die 10 ethischen Grundregeln des Yoga

Unimedica

Deborah Adele
Yama und Niyama
Die 10 ethischen Grundregeln des Yoga
1. deutsche Auflage 2022
2. deutsche Auflage 2025
ISBN 978-3-96257-283-9

Titel der englischen Originalausgabe:
The Yamas & Niyamas: Exploring Yoga's Ethical Practice

Übersetzt aus dem Englischen von Marion Zerbst
Satz & Layout: Narayana Verlag GmbH
Cover Design: Narayana Verlag GmbH
Coverabbildung: Shutterstock: © Teo Tarras (1236746887)
Coversatz: Narayana Verlag GmbH
Autorenfoto: © Deborah Adele

Herausgeber:
Unimedica im Narayana Verlag GmbH,Blumenplatz 2, 79400 Kandern
Tel.: +49 7626 974 970-0
E-Mail: info@unimedica.de
www.unimedica.de

Inhalt

Vorwort

Auf meinem Schreibtisch steht ein Becher, den ich vor vielen Jahren von einem meiner Brüder geschenkt bekam und der jetzt mit Stiften gefüllt ist. Die Inschrift auf diesem Becher schaue ich mir auch heute noch jeden Tag an und muss jedes Mal wieder darüber lachen:

Erledigungsliste für heute:

1. Das Wettrüsten beenden
2. Zahnseide benutzen

Ich erwähne diese Inschrift deshalb, weil sie mich nicht nur an die erhabenen Ideale, sondern auch an die praktischen Dinge im Leben erinnert – und weil sie die Quintessenz meines Buches optimal auf den Punkt bringt. Denn die zehn Grundprinzipien, die ich darin beschreibe, sind nicht nur eine Vision dessen, was in unserer menschlichen Existenz alles möglich ist. Sie sind auch eine praktische Anleitung, wie wir in unserem Alltagsleben von Augenblick zu Augenblick kluge Entscheidungen treffen können.

Wir alle wollen ein gutes, sinnvolles Leben führen. Seien wir ehrlich: Letzten Endes spielt es keine Rolle, wie viel Sie besitzen oder was Sie alles erreicht haben. Es kommt nur darauf an, wie intensiv Sie sich in Ihr eigenes Leben eingebracht haben – sowohl in die tägliche Routine als auch in die außergewöhnlichen, überraschenden Situationen. Es geht darum, wie Ihnen zumute ist, wenn Sie abends Ihren Kopf aufs Kissen legen: Nehmen Sie ein Gefühl der Freude und des Wohlbefindens mit ins Bett? Oder ist Ihr Weg in den Schlaf von bösen Gedanken, Verbitterung, Hilflosigkeit, Frustration, Enttäuschung über sich selbst und weinerlichem Lamentieren gepflastert?

Unser Leben als Mensch ist schon ziemlich kompliziert. Wir werden mit unzähligen verwirrenden Entscheidungen und Widersprüchen konfrontiert. Als menschliche Wesen, die mit anderen Lebensformen koexistieren, müssen wir unsere eigenen Bedürfnisse erfüllen und gleichzeitig dieser großen Gemeinschaft gerecht werden. Als Geist, der in einem menschlichen Körper lebt, müssen wir einen schwierigen Balanceakt zwischen dem grenzenlosen Potenzial unserer Träume und unserer begrenzten physischen Realität vollbringen. Inmitten unserer Unentschlossenheit und Verwirrung sind diese Verhaltensregeln wie Wegweiser, die uns tiefer in unsere eigene Authentizität und in ein Leben hineinführen, das reicher und erfüllter ist, als wir es uns jemals vorstellen konnten – ganz einfach, weil wir es jetzt bewusster und mit mehr Kompetenz führen.

Das mag einfach klingen, ist es aber nicht. Wie können wir lernen, die richtigen Entscheidungen zu treffen, wenn das Leben uns mit seinen Höhen und Tiefen, seinen vielen Anforderungen und Stimmen, die uns sagen, was wir brauchen und was mit uns alles nicht stimmt, hin- und herzuwerfen scheint wie ein Schiff auf dem Ozean? Wie sollen wir die Fähigkeiten erwerben, die wir für eine gute, bewusste Lebensführung brauchen, wenn wir uns immer wieder bei Verhaltensweisen ertappen, die wir uns eigentlich längst abgewöhnen wollten? Wenn wir gerade unser Kind oder unseren Partner angeschrien haben und uns jetzt hundeelend fühlen? Wenn wir immer noch in einem Sackgassen-Job festsitzen, der uns auslaugt? Oder wenn wir gerade in eine Tafel Schokolade gebissen haben und uns jetzt Gedanken voller Selbsthass quälen?

Wie können wir es schaffen, unsere Lebenseinstellung selbst zu wählen, selbst über unsere Gedanken und Handlungen zu entscheiden? Das ist vielleicht das großartigste Abenteuer, auf das wir uns als menschliche Wesen einlassen können. In dem Film *Noch einmal Ferien* erfährt Georgia Byrd, dass sie nur noch drei Wochen zu leben hat. Nachdem die Ärzte ihr diese erschütternde Mitteilung gemacht haben, beschließt sie, ihren Traum von einem Leben voller Möglichkeiten zu verwirklichen, und macht dabei eine erstaunliche Veränderung durch: Aus der ängstlichen Frau, die in ihrer Wahrnehmung der Realitäten ihres Lebens festgefahren ist, wird plötzlich ein unerschrockener Mensch. Tapfer erobert sie sich das Leben, nach dem sie sich schon immer gesehnt hatte.

Wir brauchen nicht erst ein Todesurteil, um uns zu verändern. Wir alle haben die Wahl, mutig aus den Grenzen unserer Vergangenheit auszubrechen und unser Leben jetzt und hier neu zu ergreifen. Die zehn Verhaltensregeln des Yoga, die *Yamas & Niyamas*, können uns bei diesem Sprung ins Leben helfen. Denn unter ihrer Anleitung beginnen die Turbulenzen und Dramen, die uns in unserem Leben so oft auf Schritt und Tritt begleiten, sich einfach aufzulösen.

Ein solches gekonnt geführtes Leben schenkt uns Freude. Nicht die Freude, die uns überkommt, wenn es uns gut geht, und die hinterher genauso schnell wieder verschwindet, sondern die Freude, die aus unserem Inneren hervorsprudelt. Die Freude, die von unserem Gefühl souveräner, meisterhafter Lebensführung herrührt – dem Gefühl, für alles bereit zu sein, was das Leben bringt. Vielleicht gibt es gar nichts, was man im Voraus herausfinden muss; es gibt einfach nur ein Leben, das man auf gute Weise führen kann – oder eben nicht. Welchen Weg möchten Sie wählen?

Kapitel 1

Was sind die Yamas & Niyamas?

Die *Yamas & Niyamas* sind die Grundlage des gesamten yogischen Denkens. Yoga ist ein ausgeklügeltes System, das weit über die Ausführung von Yogapositionen hinausgeht – es ist eine Lebensart. Durch Yoga soll man sich nicht nur seines Körpers, sondern auch seiner Gedanken immer bewusster werden. Diese Lehren sind eine praktische Schritt-für-Schritt-Anleitung, mit deren Hilfe Sie Ihre Erfahrungen besser verstehen und dabei gleichzeitig den Weg zu Ihrer nächsten Erfahrung finden können. Sie sind wie eine Landkarte, die Ihnen genau sagt, wo Sie sich befinden und wo Sie nach dem nächsten Orientierungspunkt suchen müssen. Sie machen es Ihnen leichter, Ihr Leben selbst in die Hand zu nehmen und darin die Erfüllung zu finden, die Sie suchen.

Man kann die *Yamas & Niyamas* als Richtlinien, Grundsätze, ethische Disziplinen, Verhaltensregeln oder auch als Gebote und Einschränkungen betrachten. In meinen Augen sind sie Juwelen – die Edelsteine der Weisheit, die uns den Weg zu einem gut gelebten, freudvollen Leben zeigen. In der yogischen Philosophie sind diese Juwelen die beiden ersten Glieder des achtfachen Pfades.*

Die ersten fünf Juwelen bezeichnet man als *Yamas* – ein Sanskrit-Wort, das sich wörtlich mit „Einschränkung" übersetzen lässt und Gewaltlosigkeit, Wahrhaftigkeit, Nicht-Stehlen, Mäßigung und Bescheidenheit umfasst. Die letzten fünf Juwelen werden als *Niyamas* oder „Verhaltensregeln" bezeichnet und umfassen Reinheit, Zufriedenheit, Selbstdisziplin, Selbststudium und Hingabe. Bei vielen Leitfäden für ethisches Verhalten wird man entweder von theoretischen Konzepten „erschlagen" oder durch Regeln und Vorschriften eingeengt. Doch diese yogischen Prinzipien schränken uns nicht in unserer Lebensführung ein, sondern erschließen uns Schritt für Schritt die Fülle des Lebens und bauen auf praktische, leicht verständliche Weise aufeinander auf.

Gewaltlosigkeit, das erste Juwel, bildet das Fundament für die anderen neun Verhaltensregeln, die dieses Konzept näher ausführen und weiterentwickeln. Gewaltlosigkeit ist eine Haltung der richtigen Beziehung zu anderen Menschen und zu uns selbst, also ein goldener Mittel-

* Der achtfache Pfad (oder Astanga Yoga) stammt aus den Yoga-Sutras von Patanjali. Der indische Gelehrte Patanjali war auf der Suche nach der gemeinsamen Basis aller verschiedenen Yoga-Formen und hielt diese Grundprinzipien dann in Schriften, den Yoga-Sutras, fest. Das englische „suture" („Naht") leitet sich vom selben Wort her. Sie können sich diese Wahrheiten so vorstellen, als würden sie die Fäden Ihres Lebens miteinander verweben, so wie eine chirurgische Naht einen verletzten Körper wieder zusammennäht. Die Yoga-Sutras bilden den Basistext des klassischen Yoga. Die anderen sechs Glieder des achtfachen Pfades sind *Asana* (Körperhaltungen), *Pranayama* (Atemkontrolle), *Pratyahara* (Rückzug der Sinne), *Dharana* (Konzentration), *Dhyana* (Meditation) und *Samadhi*, ein Zustand der Einheit.

weg zwischen Selbstaufopferung und Selbstüberhöhung. Diese Verhaltensregel ist eine Anleitung dazu, wie wir zusammenleben, unsere Güter miteinander teilen und tun können, was wir wollen – ohne anderen oder uns selbst Schaden zuzufügen.

Wahrhaftigkeit, das zweite Juwel, geht mit dem Prinzip der Gewaltlosigkeit einher. Aus der Kombination dieser beiden Verhaltensregeln entsteht ein kraftvoller Tanz zweier scheinbarer Gegensätze. Diese Erfahrung machen wir, wenn wir anfangen, offen und ehrlich unsere Wahrheit zu kommunizieren, ohne anderen Menschen dadurch Schaden zuzufügen. Diese beiden Prinzipien sind sehr gute Partner: Wahrhaftigkeit hält die Gewaltlosigkeit davon ab, einfach nur ein feiges Ausweichmanöver zu sein, während Gewaltlosigkeit die Wahrhaftigkeit wiederum daran hindert, zu einer brutalen Waffe zu werden. Wenn diese beiden Juwelen einander zu einem vollendeten Tanz die Hand reichen, ist das Ergebnis atemberaubend: Durch ihre Vereinigung entsteht tiefe Liebe in ihrem vollkommensten Ausdruck. Und wenn es einen Grund für Disharmonie oder Unklarheit gibt, lässt die Wahrhaftigkeit der Gewaltlosigkeit stets den Vortritt. Denn am wichtigsten ist es, keinen Schaden anzurichten.

Nicht-Stehlen, das dritte Juwel, spricht von unserer Neigung und unseren Versuchen, in der Außenwelt nach Befriedigung zu suchen. Oft verleitet Unzufriedenheit mit uns selbst und unserem Leben uns dazu, den Blick nach außen zu richten. Dann geraten wir in Versuchung, zu stehlen, was uns nicht rechtmäßig gehört. Wir bestehlen die Erde, andere Menschen, uns selbst. Wir berauben uns unserer Chance, zu einem Menschen zu werden, der ein Recht auf das Leben hat, das er sich wünscht.

Mäßigung, das vierte Juwel, wird oft als Zölibat oder Enthaltsamkeit interpretiert. Obwohl man diese Verhaltensregel sicherlich auch so deuten könnte, lautet ihre wörtliche Bedeutung „mit Gott gehen". Egal welch eine Einstellung Sie zu diesem Thema haben – bei diesem Prinzip geht es um ein Bewusstsein für das Heilige in all unseren Handlungen und eine Haltung der Achtsamkeit gegenüber jedem Augenblick, die uns in eine Position der Heiligkeit versetzt. Von dieser Position aus ziehen wir eine klare Linie, lassen jedes Übermaß hinter uns und leben innerhalb der Grenzen der Genügsamkeit. Wenn wir uns im Prinzip des Nicht-Stehlens geübt haben, sind wir automatisch darauf vorbereitet, auch diese vierte Verhaltensregel zu befolgen.

Bescheidenheit – das fünfte Juwel und die letzte *Yama*-Verhaltensregel – befreit uns von Habgier. Dieses Prinzip erinnert uns daran, dass das Festhalten an Menschen und materiellen Objekten uns nur belastet und das Leben zu einer niederdrückenden, enttäuschenden Erfahrung macht. Wenn wir uns im Loslassen üben, bewegen wir uns in Richtung Freiheit und gewinnen ein ganz neues Gefühl überströmender Lebensfreude.

Sobald wir begonnen haben, diese ersten fünf Juwelen gut zu leben, fällt uns vielleicht auf, dass wir mehr freie Zeit – mehr Raum zum Atmen – in unserem Leben haben. Unsere Tage fühlen sich ein bisschen leichter und einfacher an als früher. Die Arbeit macht mehr Spaß, und unsere Beziehungen zu anderen Menschen laufen reibungsloser ab. Wir mögen uns selbst ein bisschen mehr; unser Schritt wird leichter; wir erkennen, dass wir weniger brauchen, als wir eigentlich gedacht hatten; wir haben mehr Freude am Leben. Wenn wir nun anfangen, uns mit den letzten fünf Juwelen oder *Niyamas* zu beschäftigen, bewegen wir uns in einen subtileren Bereich hinein – wir finden einen inneren Ruheort, der sich wie ein Sabbat anfühlt.

Reinheit, das sechste Juwel, lädt uns dazu ein, unseren Körper zu reinigen und unsere inneren Einstellungen und Handlungen zu läutern. Wir sollen uns besser und verantwortungsbewusster verhalten, um die Qualitäten, nach denen wir im Leben streben, leichter erreichen zu können. Diese Verhaltensregel fordert uns außerdem dazu auf, bessere Prioritäten zu setzen: Wir sollen uns darüber klar werden, was für uns im jetzigen Augenblick am allerwichtigsten ist, und mit unserer Beziehung zu anderen Menschen, der vor uns liegenden Aufgabe und uns selbst im Einklang leben.

Zufriedenheit, das siebte Juwel, kann man weder suchen noch anstreben. Denn alles, was wir tun, um uns Erfüllung zu verschaffen, beeinträchtigt unser Wohlbefinden und unser Gefühl der Zufriedenheit in Wirklichkeit nur. Zufriedenheit kann man nur in der Akzeptanz und Wertschätzung des Jetzt und Hier finden. Je mehr wir lernen, das, „was ist", einfach so zu lassen, wie es ist, umso leichter wird die Zufriedenheit zu uns finden – langsam, aber sicher.

Selbstdisziplin, das achte Juwel, bedeutet wörtlich „Hitze", kann aber auch mit „Läuterung" oder „Enthaltsamkeit" übersetzt werden. Dieses Prinzip umfasst alles, was uns zu einer inneren Veränderung veranlasst.

Veränderung macht uns zu spirituellen Schwergewichten im Spiel des Lebens; sie ist die Vorbereitung auf unsere eigene Größe. Wir alle wissen, wie einfach es ist, ein gutherziger Mensch zu sein, wenn alles so läuft, wie wir es uns wünschen; aber was ist mit den Zeiten, in denen das Leben uns schlechte Karten austeilt? Wer sind Sie in solchen Augenblicken? Diese Verhaltensregel lädt Sie dazu ein, an Ihrer eigenen Charakterstärke zu arbeiten, und fragt: „Kannst du dich vertrauensvoll auf die Hitze – den Weg der Veränderung – einlassen?"

Selbststudium, das neunte Juwel, ist das Streben danach, uns selbst besser kennenzulernen und die Frage zu stellen, was uns antreibt und prägt; denn diese inneren Motivationsfaktoren sind die Ursache des Lebens, das wir führen. Selbststudium bedeutet, darüber nachzudenken, was wir über uns selbst denken, und zu erkennen, dass dieses Bild unserer Selbst die Realität unseres Lebens schafft. Letztendlich fordert uns diese Verhaltensregel dazu auf, die falsche und einschränkende Selbstwahrnehmung, die unser Ich uns auferlegt, loszulassen und die Wahrheit unseres göttlichen Wesens zu erkennen.

Hingabe, das zehnte Juwel, erinnert uns daran, dass das Leben besser weiß als wir, was zu tun ist. Durch Hingabe, Vertrauen und aktives Engagement können wir jedem Augenblick offenen Herzens gegenübertreten. Statt stromaufwärts zu paddeln, sollten wir uns von der Strömung tragen lassen und unsere Reise und den Ausblick genießen.

In diesem Buch widme ich jedem *Yama* und jedem *Niyama* ein eigenes Kapitel, in dem ich nicht nur die Philosophie dieser Verhaltensregeln erkläre, sondern auch praktische Beispiele dafür gebe und Geschichten dazu erzähle. Am Ende jedes Kapitels finden Sie eine Liste von Fragen als Anregung zur Selbstreflexion. Ich empfehle Ihnen, Tagebuch zu führen und/oder eine Lerngruppe zu bilden, um Ihr Engagement für das Studium dieses Themas und für Ihre persönliche Weiterentwicklung zu stärken.

AHIMSA

Um mich herum toben Stürme.
Ich beruhige mein Herz
und sende Friedensbänder aus – Frieden.

~ Catharine Larsen

अहिंसा

Kapitel 2

Ahimsa: Gewaltlosigkeit

In den *Karate-Kid*-Filmen kommt Mr. Miyagi dem siebzehnjährigen Daniel zunächst wie ein alberner, ziemlich harmloser kleiner alter Mann vor. Mr. Miyagi ist bescheiden und unprätentiös; er sitzt stundenlang herum und versucht, Fliegen mit Essstäbchen zu fangen, pflegt seine Bonsais und scheint nicht einmal mit der Wimper zu zucken, wenn er provoziert wird. Doch als Daniel und Mr. Miyagi später von Schlägern bedroht werden, schreitet Mr. Miyagi zur defensiven Tat. Und da werden Daniel die Augen geöffnet: Er erkennt die unglaublichen Fähigkeiten dieses alten Mannes, der es mit Leichtigkeit mit einer ganzen Bande von Karate-Gegnern aufnimmt, die größer und jünger sind als er selbst. Von da an wird Mr. Miyagi zu Daniels Mentor in der Kunst der gekonnten Selbstverteidigung, der wahren Freundschaft und des Lebens.

Zunächst mag uns Gewaltlosigkeit vielleicht genau so vorkommen, wie Daniel Mr. Miyagi anfangs einschätzte: Sie kann auf den ersten Blick so passiv und unbedeutend wirken, dass wir ihre Präsenz und subtile Kraft sehr leicht ignorieren und uns fragen, was der ganze Wirbel um dieses Thema eigentlich soll. Und doch wird Gewaltlosigkeit im östlichen Denken so hoch geschätzt, dass sie den Kern und die Grundlage der gesamten yogischen Philosophie und Praxis bildet. Es ist, als wollten die Yogis uns sagen, dass alles, was wir versuchen, auf schwankendem Boden steht, wenn wir unser Leben und Handeln nicht auf Gewaltlosigkeit gründen. All unsere Errungenschaften und Erfolge, Hoffnungen und Freuden haben keine richtige Basis, wenn sie nicht auf dem Fundament der Gewaltlosigkeit aufbauen.

Im östlichen Denken wird Gewaltlosigkeit so hoch geschätzt, dass sie den Kern und die Grundlage der gesamten yogischen Philosophie und Praxis bildet.

Andere zu töten oder ihnen physischen Schaden zuzufügen, sind grobe Formen der Gewalt, die man leicht als solche erkennt. Gewalt hat aber auch viele subtilere Nuancen. Wenn wir uns gehetzt, ängstlich und machtlos fühlen, innerlich aus dem Gleichgewicht geraten und zu streng mit uns selbst umgehen, ertappen wir uns manchmal dabei, dass wir unfreundlich zu anderen Menschen sind oder vielleicht sogar einen Wutausbruch bekommen. Wenn unser Gespür für solche Feinheiten zunimmt, lernen wir, dass unsere Fähigkeit, uns anderen Menschen gegenüber gewaltfrei zu verhalten, direkt mit unserer Gewaltlosigkeit uns selbst gegenüber zusammenhängt. Unsere Fähigkeit, zu Hause wie auch in der Welt ein Mensch des Friedens zu sein, hängt von unserer inneren Stärke und unserem Charakter ab.

In den *Karate-Kid*-Filmen ging Daniel nicht zum Karateunterricht, um diesen Kampfsport zu erlernen. Nein, er wurde zu einem guten Karate-Kämpfer, indem er lernte, wie man die tägliche Arbeit des Autowaschens und -polierens, des Abschmirgelns von Holz und Anstreichens von Zäunen erledigt. In ähnlicher Weise entwickeln wir unsere Fähigkeit zur Gewaltfreiheit; indem wir lernen, die alltäglichen Herausforderungen des Lebens zu bewältigen, und uns mit den Dingen auseinandersetzen, die eine Tendenz zur Gewalttätigkeit in uns wecken. *Ahimsa* oder Gewaltlosigkeit – wörtlich: „Keinen Schaden anrichten“ – bringt unser brillantestes, bestes Ich zum Vorschein. Unsere Fähigkeit zur Gewaltfreiheit hängt davon ab, ob wir der Gewalttätigkeit vorbeugen, indem wir Mut, Ausgeglichenheit, Selbstliebe und Mitgefühl anderen Menschen gegenüber zeigen.

Unseren Mut finden

Man braucht sich nur in der Welt umzuschauen, um zu sehen, dass die Angst überall zu Hause ist. Sie zeigt sich in feigen Gesichtern, die wegschauen, statt einzugreifen, in gewalttätigen Angriffen, Verteidigungsmauern und der Anhäufung von Besitztümern – in all den vielen unfreundlichen Worten und Gesten der Menschen. In einer Welt des Überflusses nehmen raffgierige Menschen sich mehr, als ihnen zusteht, und lassen die anderen leer ausgehen. Sie zetteln Kriege an, um sich fremde Güter anzueignen und an der Macht zu bleiben. Überall auf der Welt wird Kindern durch Missbrauch und Gräueltaten ihre Unschuld geraubt. Wenn wir genau hinschauen, können wir all diese Akte der Habgier, Herrschsucht und Unsicherheit bis zu ihrer Wurzel zurückverfolgen: Angst. Angst erzeugt Gewalt.

Wenn wir diese Angst bekämpfen wollen, müssen wir zunächst einmal lernen, zwischen Ängsten, die uns am Leben erhalten, und Ängsten, die uns vom Leben *abhalten*, zu unterscheiden. Die erste Form der Angst ist instinktiven Ursprungs und dient unserem Überleben. Die zweite Form ist die Angst vor dem Unbekannten. Doch das Unbekannte kann zu einem Schauplatz spannender Entdeckungsreisen werden, wenn wir erkennen, dass diese Angst nur in unserer Vorstellung existiert. Nur unsere Gedanken erzeugen dieses ängstliche Rumoren in unserem Bauch und halten uns von den Möglichkeiten ab, die das Leben uns bietet.

Um ein gewaltfreies Leben und eine gewaltfreie Welt schaffen zu können, müssen wir zunächst unseren eigenen Mut finden.

Ein Beispiel für eine Angst, die nur in unserer Vorstellung existiert, ist die Furcht vor dem Fallschirmspringen. Der Gedanke daran, in großer Höhe aus einem Flugzeug zu springen (und auch ja nicht zu vergessen, unterwegs rechtzeitig den Fallschirm zu öffnen!), jagt mir kalte Schauer über den Rücken und erzeugt ein heftiges Grummeln in meinem Bauch.

Und all das spielt sich jetzt in dieser Sekunde in meinem Körper ab, obwohl ich so eine Situation noch nie erlebt habe! Um dieser Angst die Stirn bieten zu können, stelle ich mir lieber ein anderes Szenario vor – etwas, das nach Abenteuer und Spaß aussieht, bei dem ich die Situation hundertprozentig im Griff habe und völlig gelassen vom Himmel auf die Erde hinunterspringe. Und wenn ich dann wirklich den Mut dazu aufbringe, würde ich als Nächstes einen Piloten anrufen.

Die Suche nach Menschen und Erfahrungen, denen wir normalerweise aus dem Weg gehen würden, ist eine sehr sinnvolle Möglichkeit, etwas Neues über uns selbst und das Leben zu erfahren. Selbst von Leuten, die wir vielleicht als unsere Feinde bezeichnen, können wir viel lernen. Menschen, denen wir bisher aus dem Weg gegangen sind, eröffnen uns neue Denkweisen und helfen uns, ein Stück von uns selbst zu entdecken. Wenn wir unseren Ängsten vor bestimmten Menschen und Erfahrungen die Stirn bieten, stellen wir fest, dass unser Selbstbild und unser Blick auf die Welt sich dadurch erweitert: Plötzlich wirkt die Welt größer, und wir finden uns besser darin zurecht. Wenn wir auf diese Weise immer wieder Neuland entdecken, werden unser Geist und unser Herz offener, und wir haben seltener das Bedürfnis nach gewalttätigem Verhalten. Um ein gewaltfreies Leben und eine gewaltfreie Welt schaffen zu können, müssen wir also zunächst unseren eigenen Mut finden.

Mut ist nicht das Fehlen von Angst, sondern die Fähigkeit, sich nicht von Angst lähmen zu lassen. Wir werden mutig, indem wir unseren Ängsten ins Auge sehen – den kleinen, den großen, den peinlichen und den wirklich unheimlichen. Um die ganze Fülle unseres Lebens genießen zu können, müssen wir oft Dinge tun, vor denen wir Angst haben. Wie soll unser Mut wachsen, wenn wir uns immer nur in Sicherheit wiegen? Einer der Gründe für Gandhis enorme Stärke bestand darin, dass er dem Leben die Stirn bot. Er lief nicht einfach weg, wenn das Leben zu verwirrend oder schwierig wurde, sondern blieb da und lernte aus dem Augenblick, und so entwickelte er sich mit der Zeit zu einer kompetenten Führungsfigur, der niemand das Wasser reichen konnte – und zu einer unaufhaltsamen Macht. Für Gandhi wurde die Angst zu einem Ansporn, Mut zu entwickeln.

Gleichgewicht schaffen

Mut erfordert unser bestes Ich – und dieses Ich befindet sich in einem Zustand des Gleichgewichts. Denken Sie einmal an Situationen zurück, in denen Sie sich wegen zu viel Arbeit, zu viel Koffein und Zucker oder nach einer unruhigen Nacht anderen Menschen gegenüber „kurz angebunden“ verhalten haben. Ein Ungleichgewicht in unserem System ist fast schon ein unfehlbares Rezept für Gewalt, weil dieses innere Unwohlsein zwangsläufig seinen Weg nach draußen findet und dort zum Ausdruck kommt. Gleichgewicht schafft einen Zustand der Harmonie in unserem Inneren, und diese innere Harmonie drückt sich naturgemäß auch in harmonischen äußeren Handlungen aus. Dr. Phil Nuernberger war sich der Wichtigkeit dieser inneren Balance bewusst, als er sagte:

„Die tiefe Harmonie des Gleichgewichts ist mein kostbarstes Gut, das ich mit aller Kraft hüte.“

Gleichgewicht in unserem Leben zu schaffen ist alles andere als einfach. Wir sind eine hungrige, laute Spezies, die ständig mit Werbung und Reizen aller Art bombardiert wird; und all diese Reize versprechen uns die Erfüllung unserer tiefsten Sehnsüchte. Wenn wir nicht darauf achten, ein Gleichgewicht in unserem eigenen Inneren zu schaffen, fallen wir leicht falschen Versprechungen zum Opfer und füllen jeden noch so kleinen Freiraum unseres Lebens mit Terminen, Aktivitäten und all den tausend Verpflichtungen, die mit einem hohen Arbeitspensum einhergehen. Es entspricht nicht unserer Kultur, einen Raum für uns selbst zu beanspruchen, der einfach nur Raum ist – auch einmal ein bisschen langsamer und zögerlicher vorzugehen oder uns Zeit zu nehmen, um etwas richtig abzuschließen. Wir werden bombardiert und wir bombardieren uns selbst. Falls Sie daran zweifeln sollten, werfen Sie nur einmal einen Blick in Ihren Terminkalender: Er spiegelt Ihnen die ganze Verrücktheit unseres Lebens wider. Den negativen Auswirkungen eines solchen Lebens kann sich niemand entziehen: Grenzenlose Gewalt gegen uns selbst und unsere Mitmenschen ist die Folge.

Um mit uns selbst in Einklang zu kommen, müssen wir auf unsere innere Stimme hören.

Genau wie unser Körper brauchen auch Geist und Seele Zeit zum Verdauen und Assimilieren. Genau wie der Körper brauchen auch Geist und Seele Zeit zum Ausruhen. Diese Ruhe schaffen wir nicht, indem wir noch mehr in unser Leben hineinstopfen, sondern indem wir uns genügend Raum zum Atmen geben – Spielraum zum Nachdenken und Tagebuchschreiben, Spielraum für Fantasie und Spielraum, um Vorgänge oder Erlebnisse innerlich abzuschließen und den Ruf der Lebenskraft in uns zu spüren.

Gleichgewicht hat kein bestimmtes Aussehen, denn es ist kein vorgegebener Maßstab, nach dem wir uns einfach nur zu richten brauchen; es ist nichts Planbares. Es entsteht dadurch, dass wir auf unsere innere Führung und Weisheit hören. Und es sieht bei jedem Menschen anders aus; wahrscheinlich hat es sogar bei ein und demselben Menschen immer wieder einen anderen Charakter. Um mit uns selbst in Einklang zu kommen, müssen wir ganz ruhig werden, auf diese innere Stimme hören und ihr folgen. Diese Stimme drängt uns zu nichts, bombardiert uns mit nichts und macht uns auch keine Versprechungen. Diese innere Weisheit weiß einfach, was wir brauchen, um vital und gesund zu sein und in einem Zustand tiefer innerer Harmonie zu leben.

Meine Söhne und deren Kinder lieben das Brettspiel „Risiko“. Dabei verfügen alle Spieler über Armeen, die sie strategisch geschickt in verschiedenen Ländern der Welt platzieren und dann versuchen, damit die Welt zu erobern. Es ist ein Strategie- und Geschicklichkeitsspiel und kann bis in die frühen Morgenstunden dauern. Was mich daran fasziniert, ist die Tatsache, dass meine Enkelkinder bei diesem Spiel etwas Wichtiges zum Thema Gleichgewicht gelernt haben. Einer meiner Enkel drückte das so aus: „Wenn man sieht, wie die Armee von jemandem über die ganze Welt verteilt ist, wirkt das so beeindruckend. Papa dagegen verteilt immer zuerst alle seine

Armeen auf vier Länder, die alle in einer Ecke liegen. Es sieht so aus, als bräuchte niemand Angst vor ihm zu haben. Aber im Lauf des Spiels verliert derjenige, der seine Armeen zu dünn über das ganze Spielbrett verteilt hat, zuallererst, und Papa gewinnt immer."

> Wenn wir im Gleichgewicht sind, leben wir automatisch in einem Zustand der Gewaltlosigkeit.

Genau das ist Gleichgewicht. Wenn wir uns zu dünn und weiträumig verteilen – mit anderen Worten: wenn wir hundert Dinge gleichzeitig tun –, wirkt das zwar auf den ersten Blick beeindruckend, doch am Ende sind wir die Ersten, die dabei verlieren. Die Gesundheit und das Wohlbefinden von Körper, Geist und Seele sind eine wichtige Ressource, und wenn wir im Gleichgewicht bleiben, können wir mit mehr Kompetenz und Leichtigkeit durchs Leben gehen. Wenn wir dem Leben auf einer Basis innerer Harmonie begegnen, bringen wir die besten Voraussetzungen mit, um zu „gewinnen". Wenn wir im Gleichgewicht sind, leben wir automatisch in einem Zustand der Gewaltlosigkeit.

Umgang mit Machtlosigkeit

Eine der größten Herausforderungen bei der Aufrechterhaltung unseres inneren Gleichgewichts sind Situationen, in denen wir uns machtlos fühlen. Dieses Gefühl der Machtlosigkeit führt zu äußerer Aggression in Form von Frustration und Wut oder zu innerem Rückzug in die Depression und in eine Opferhaltung. Wir haben Angst vor unserer eigenen Macht und fühlen uns oft in einem Gefühl der Machtlosigkeit gefangen. Mit „machtlos" meine ich Situationen, in denen wir das Gefühl haben, keine Wahl zu haben. Es gibt einfach keine Alternative, und wir fühlen uns der anstehenden Herausforderung in keiner Weise gewachsen. In solchen Augenblicken kommen wir uns vielleicht wie ein Tier im Käfig vor – gefangen und bereit, wie wild draufloszuspringen. Ob wir nun mit Wut, innerem Rückzug, Frustration oder Resignation reagieren – irgendwie schaltet unser Geist sich ab, als würden wir im Zug durch einen dunklen Tunnel fahren und außer Dunkelheit und Angst nichts mehr wahrnehmen.

Ahimsa (Gewaltlosigkeit) fordert uns dazu auf, dieses Gefühl der Machtlosigkeit zu hinterfragen, statt es einfach hinzunehmen. Wenn wir uns machtlos fühlen, haben wir in Wirklichkeit nur vergessen, wie viele Entscheidungsmöglichkeiten uns offenstehen. Wir haben die Wahl, etwas zu unternehmen, und wir können auch unseren inneren Dialog über unsere Machtlosigkeit umschreiben. Statt in diesem Gefühl der Machtlosigkeit vor uns hin zu schmollen, können wir uns fragen: „Was muss ich jetzt tun, um mich für die Bewältigung dieser Situation kompetent zu fühlen?" Außerdem können wir uns eine Starthilfe geben, indem wir an frühere Zeiten zurückdenken, in denen wir erfolgreich mit schwierigen Situationen umgegangen und dabei trotzdem liebevoll und ganz geblieben sind; und dann können wir versuchen, dieses Gefühl wiederzufinden.

Ich habe drei Denkweisen entdeckt, die mich aus dem Gefühl der Machtlosigkeit herausführen: dankbar sein – auf den Augenblick vertrauen – an andere Menschen denken. Wenn ich meine Denkweise ändere, komme ich aus dem dunklen Tunnel der Machtlosigkeit heraus; und plötzlich, im Licht, sehe ich viele Handlungsmöglichkeiten. Wenn mein Auto beispielsweise zu einem ungünstigen Zeitpunkt kaputtgeht, kann ich trotzdem immer noch dankbar dafür sein, dass mir nichts passiert ist und dass ich mein Handy dabeihabe; ich kann mich für eines der vielen Serviceangebote zum Abschleppen und Reparieren meines Autos entscheiden; und ich kann ein Abenteuer aus dieser Situation machen, indem ich vielleicht zum ersten Mal seit Jahren mit dem Bus fahre oder einen alten Freund anrufe, damit er mich abholt, und darauf vertraue, dass schon irgendwie alles gut gehen wird.

Oft tragen wir noch ein Gefühl der Machtlosigkeit aus unserer Kindheit mit uns herum. Vielleicht entsprach dieses Kindheitsrelikt zu einem Zeitpunkt unseres Lebens der Realität; doch inzwischen stimmt es wahrscheinlich nicht mehr. Ich führe viele private Beratungen mit Menschen durch, die sich machtlos fühlen, weil sie unbewusst immer noch an so einer alten Situation festhalten und sie auch gegenwärtig als wahr hinnehmen. Ich bin zu der Überzeugung gelangt, dass jedes Gefühl der Machtlosigkeit, das wir empfinden,

Eine der größten Herausforderungen bei der Aufrechterhaltung unseres inneren Gleichgewichts sind Situationen, in denen wir uns machtlos fühlen. Gewaltlosigkeit fordert uns dazu auf, dieses Gefühl der Machtlosigkeit zu hinterfragen, statt es einfach hinzunehmen.

sich auf die Geschichte zurückführen lässt, die wir uns in diesem Augenblick über die betreffende Situation erzählen. Und wir alle haben die Möglichkeit, uns stattdessen für eine andere Geschichte zu entscheiden. Wir können uns dazu erziehen, auf eine neue Art und Weise Verantwortung für unser Leben zu übernehmen.

Situationen, in denen wir uns machtlos fühlen, können auch eine Chance sein, neue Fähigkeiten im Umgang mit dem Leben zu erwerben. Ich zum Beispiel stelle immer wieder fest, dass meine Ohnmachtsthemen etwas mit Technik zu tun haben. Wenn irgendetwas kaputtgeht, kann dieses Gefühl der Machtlosigkeit sich in einem heftigen Wutausbruch Luft machen; es kann aber auch eine Chance sein, etwas Neues zu lernen. Ich denke oft über die Worte von Yogiraj Achala nach: „Ich rege mich über meine eigene Unfähigkeit auf." Mit dieser Einstellung wird das Gefühl der Machtlosigkeit zu einer Chance, mehr Kompetenz zu erwerben, statt gewalttätig zu werden.

Selbstliebe

Unsere Fähigkeit, ausgeglichen zu bleiben und den Mut nicht zu verlieren, hat sehr viel damit zu tun, wie wir uns fühlen. Das veranschaulichen die zwei folgenden Geschichten. Pandit Rajmani Tigunait, der spirituelle Leiter des *Himalayan Institute*, erzählte von einem Vorfall mit seinem kleinen Sohn. Die Familie war gerade aus Indien zurückgekehrt, und der Junge fing an sich seltsam zu verhalten: Er biss und zwickte seine Eltern und Spielkameraden. Rajmani war außer sich über dieses Verhalten seines süßen Sohnes – bis ihm klar wurde, dass der Junge in Indien Würmer bekommen hatte, die ihn in seine kleinen Innereien zwickten und bissen. Der Sohn zeigte einfach nur nach außen hin, was er in seinem Inneren erlebte.

Die Yogalehrerin und Mentorin Ann Maxwell berichtet von den Turbulenzen in ihrem Haus, als ihr dreijähriger Sohn Brooks plötzlich begann, seinen Stuhldrang zu unterdrücken. Das Halten des Stuhls bereitete ihm großes Unbehagen, und das wirkte sich wiederum auf die ganze Familie negativ aus, sodass der Tagesverlauf und die Stimmung aller massiv davon beeinflusst wurde, ob Brooks seinem Stuhldrang nachgab oder nicht. An den Tagen, an denen er seinen Stuhl zurückhielt, litt die ganze Familie unter dem drückenden Elend eines dreijährigen Jungen. Brooks spiegelte das, was er innerlich erlebte, nach außen wider.

Diese Geschichten zeigen, dass wir die Menschen um uns herum genauso behandeln wie uns selbst. Wenn Sie sich selbst gegenüber ein strenger Zuchtmeister sind, werden auch andere Ihre Peitsche zu spüren bekommen. Wenn Sie sich selbst gegenüber sehr kritisch sind, werden Ihre Mitmenschen die hohen Erwartungen, die Sie an sich stellen, ebenfalls spüren. Gehen Sie dagegen fröhlich und unbeschwert mit sich selbst um und verzeihen sich Ihre Fehler, werden auch andere Menschen im Zusammensein mit Ihnen Leichtigkeit und Freude verspüren. Wenn Sie Lachen und Begeisterung in Ihrem Inneren entdecken, werden die anderen Ihre Gegenwart als heilsam empfinden.

Wir würden niemals eine Dose roter Farbe kaufen und erwarten, dass sie blau wird, wenn wir sie auf unsere

Wände auftragen. Und doch können wir hart und fordernd mit uns selbst umgehen und gleichzeitig von uns erwarten, dass wir andere Menschen liebevoll behandeln. So funktioniert das aber nicht. Die Farbe in der Dose ist die Farbe, zu der alles wird, was wir damit anstreichen. Die „Farbe" unseres Umgangs mit uns selbst ist die „Farbe" der Art, wie wir unsere Mitmenschen behandeln. Wenn wir nicht sicher in uns selbst ruhen, können auch andere Menschen sich in unserer Gesellschaft niemals sicher fühlen, und die Welt kann kein sicherer Ort sein.

Wir behandeln andere Menschen genauso wie uns selbst.

Ich war drei Jahre lang als Beraterin bei einer Firma in Boulder (Colorado) tätig. Die Arbeit selbst war anregend und machte Spaß, doch mein Leben verlief sehr hektisch. Eines Tages wurde mir jedoch klar, dass ich mir in all diesen drei Jahren nicht einmal Zeit für eines meiner köstlichsten Vergnügen genommen hatte: ein langes, heißes Schaumbad. Als ich schließlich innehielt, um einen Blick auf das rasante Leben zu werfen, das ich mir selbst geschaffen hatte, fiel mir auf, dass ich auch nicht mehr mit meinen Enkeln gespielt oder mich mit meinen Freunden getroffen hatte. Ich hatte stattdessen aber angefangen, ziemlich hohe Ansprüche an meine Mitmenschen zu stellen, und konnte richtig bissig zu ihnen sein. Ich hatte mir eine gewalttätige innere Welt geschaffen, in der ich nur noch vorwärtsdrängte, alles übertrieb und zu wenig schlief; und diese Welt war auf alle meine Beziehungen durchgesickert. Als ich bei dieser Firma kündigte und anfing, wieder ein bisschen Leichtigkeit und Freude in mein

Leben hineinzubringen, wurden auch meine Beziehungen zu anderen Menschen leichter und angenehmer.

Zu Beginn dieser großen Veränderung machte ich ein Experiment: Ich versuchte mich in mich selbst zu verlieben. Ich bezeichne das als Experiment, weil ich neugierig darauf war, wie es sich auf andere Menschen und auf mich selbst auswirken würde. Verliebtsein ist etwas Wunderbares: Der geliebte Mensch kann nichts falsch machen. Er ist immer schön, immer eine fantastische Gesellschaft, und man möchte am liebsten dauernd mit ihm zusammen sein. Verliebtheit lässt keinen Platz für die Gewalt unserer Erwartungen und Werturteile; sie macht uns frei für Freude, Vergnügen und Spontaneität. Alle Leute, die mit einem verliebten Menschen zusammen sind, spüren diese Liebe ebenfalls. Sie erzeugt ein spontanes Freudenfeuer, das alles verzehrt, was auf seinem Weg liegt. Ist mein Experiment gelungen? Nicht ganz – doch alle Menschen, die mich kennen, sagen, dass es jetzt einfach ist und Spaß macht, mit mir Zeit zu verbringen.

Wir können noch so gute Absichten haben und noch so viel Liebe zu unseren Mitmenschen im Herzen tragen – schlussendlich werden wir sie genauso behandeln wie uns selbst. Liebe ist die Quintessenz der Gewaltlosigkeit; und sie beginnt damit, uns selbst zu lieben. Nicht mit egozentrischer Liebe, sondern mit einer Liebe, die nachsichtig ist und verzeiht – einer Liebe, die den Humor in allem Unvollkommenen erkennt und die Fülle menschlicher Ausdrucksformen akzeptiert. Nur wenn wir diese Liebe für alle Teile unserer selbst aufbringen, können wir anfangen, unsere Liebe zu anderen Menschen voll und ganz zum Ausdruck zu bringen.

Und um diese Liebe allen Teilen unserer selbst aufbringen zu können, müssen wir uns verzeihen. Ohne diese Selbstvergebung tragen wir Schuldgefühle mit uns herum, und dieses schlechte Gewissen wird uns wie eine schwere Last auf dem Herzen liegen. Schuldgefühle hindern uns daran, uns und andere Menschen zu lieben, und halten uns in Erwartungen gefangen.

Ich kann es gar nicht oft genug betonen: Unsere Unfähigkeit, uns vollständig zu lieben und zu akzeptieren, erzeugt Wellen – winzig kleine Gewaltakte –, die große und dauerhafte Auswirkungen auf unsere Mitmenschen haben. Ich habe bei meiner Arbeit das Glück, vielen Menschen bei der Beschreibung ihrer Gefühle zuhören zu dürfen, und staune immer wieder darüber, wie oft sie dabei von ihren Versäumnissen, ihrem Selbsthass und ihren Versuchen sprechen, sich zu „bessern". Diese Versuche, uns zu ändern, statt uns zu lieben, halten uns in Teufelskreisen gefangen, aus denen wir nicht mehr herauskommen. Wenn andere Menschen mir von ihren persönlichen Misserfolgen berichten, spüre ich dabei jedes Mal eine große Diskrepanz: Schon während ich ihnen zuhöre, sehe ich einen wunderschönen, einzigartigen Ausdruck des Menschseins vor mir, der mein Herz überwältigt. Und dann ertappe ich mich wieder einmal dabei, wie ich mein heimliches Gebet spreche, dass dieser Mensch eines Tages erkennen möge, wie großartig er in Wirklichkeit ist.

Mut und Liebe sind eng miteinander verbunden. „Als die Liebe zum Herrn meines Lebens wurde, verlor ich meine Angst." Dieser Ausspruch von Swami Rama ist ein Spiegel der Worte Jesu Christi: „Vollkommene Liebe treibt die Furcht aus." Wo Angst Schaden und Gewalt erzeugt, schafft Liebe innere Entfaltung, Gewaltlosigkeit und die wahre Sicherheit, nach der wir suchen. Gewaltlosigkeit hängt eng mit Liebe zusammen, und unsere Liebe zu anderen Menschen steht wiederum in engem Zusammenhang mit unserer Liebe zu uns selbst; beides lässt sich nicht voneinander trennen.

Gewalt gegenüber anderen Menschen

Wenn wir keine Liebe zu uns selbst empfinden können, richten wir unseren Blick oft nach außen. Wir fangen an, uns auf andere Menschen zu konzentrieren und unsere eigenen Ängste und Versagensgefühle hinter unserer leidenschaftlichen Sorge um unsere Mitmenschen zu verstecken. Es ist fast so, als würden wir insgeheim sagen: „Mein Leben ist ein Chaos; wenn ich deins in Ordnung bringe, wird mir wohler zumute sein." Wenn wir nicht ehrlich zu uns selbst sind, gehen wir dann womöglich auch noch mit einem Gefühl von Stolz auf die erstaunlichen Taten zu Bett, die wir an diesem Tag für andere Menschen vollbracht haben. Vielleicht kommen wir uns wegen all dieser Mühsal und Selbstaufopferung sogar wie Helden vor. Doch in Wirklichkeit kaschieren wir nur unser eigenes Versagensgefühl, indem wir anderen vorschreiben, wie sie leben sollen. Wenn wir nicht bereit sind, einen tiefen, mutigen Blick auf unser eigenes Leben zu werfen, kann es leicht passieren, dass wir andere Menschen auf subtile Art und Weise verletzen; und vielleicht ist uns das nicht einmal bewusst, weil wir ihnen damit zu helfen glauben.

Der Glaube, zu wissen, was besser für unsere Mitmenschen ist, wird zu einer subtilen Form der Gewaltausübung. Wenn wir uns anmaßen, jemand anderem „helfen" zu wollen, beschränken wir ihn in seinem Gefühl der Eigenständigkeit. Das Prinzip der Gewaltlosigkeit lädt uns dazu ein, darauf zu vertrauen, dass der andere selbst die Lösung finden kann, nach der er sucht. Es ist eine Aufforderung, an ihn zu glauben, statt ihn zu bemitleiden: Wir sollen auf seinen Weg vertrauen, ihn lieben und ihm helfen, sein eigenes höchstes Bild von sich selbst zu verwirklichen – und nicht die Vorstellung, die *wir* von ihm haben. Wir sollen aufhören, immer alles „managen" zu wollen: uns selbst, unsere Erfahrungen, aber auch andere Menschen und die Erfahrungen, die sie mit uns machen. Befreien Sie Ihre Mitmenschen von Ihren Bedürfnissen; lassen Sie ihnen die Freiheit, sie selbst zu sein und uns so zu sehen, wie sie uns sehen möchten.

> Wenn wir nicht bereit sind, einen tiefen, mutigen Blick auf unser eigenes Leben zu werfen, kann es leicht passieren, dass wir andere Menschen auf subtile Art und Weise verletzen; und vielleicht ist uns das nicht einmal bewusst, weil wir ihnen damit zu helfen glauben.

Eine Geschichte aus Indien veranschaulicht auf dramatische Weise, welche Gewalt wir anderen Menschen antun, indem wir zu wissen glauben, was am besten für sie ist. Ein Passant erblickt einen Affen in einem Baum, der einen Fisch in den Händen hält und zu ihm sagt:

„Aber ich habe dich doch vor dem Ertrinken gerettet!" Der Affe glaubt dem Fisch das Leben gerettet zu haben; doch in Wirklichkeit hat er ihn an einen Ort gebracht, wo seine Bedürfnisse nach Überleben und Wachstum nicht erfüllt sind. Wir können andere Menschen nicht retten, oder ändern oder ihr Leben „in Ordnung bringen". Wir können ihnen nur ein Beispiel geben – und damit ist der Zeigefinger wieder auf uns gerichtet.

Ich erlebte diese Art der gut gemeinten „Hilfe" von meinem Mann, der aus Liebe zu mir begann, mir alle schweren Gegenstände abzunehmen und sie selbst zu tragen. Anfangs fand ich das sehr nett und wusste diese hilfreiche Geste zu schätzen; doch mit der Zeit spürte ich, dass meine Arme dadurch kraftlos wurden. Ich wurde schwächer, weil es mir versagt war, hin und wieder etwas Schweres zu tragen!

Der Umgang mit Herausforderungen gibt uns allen ein Gefühl von Kompetenz und Selbstwert – das Gefühl, etwas geschafft zu haben. Wenn wir versuchen, jemandem zu helfen oder ihn zu retten, halten wir ihn von dem Lernprozess ab, den diese Situation für ihn bereithält. Dann geht es uns genauso wie dem Affen in der obigen Geschichte: Indem wir versuchen, jemanden von seiner schwierigen Situation oder seinem Leid zu befreien, holen wir ihn aus einem Umfeld heraus, das ihm eine reiche Lernerfahrung bietet. Wir beschneiden ihn in seinen Möglichkeiten, stärker, kompetenter und mitfühlender zu werden.

Oft ist es eine Qual für uns, einen Menschen, der uns wichtig ist, in den Leiden und Schwierigkeiten seines Lebens „hängen zu lassen". Wir können eigentlich nicht anders: Wenn ein uns nahestehender Mensch leidet, wollen wir dafür sorgen, dass es ihm wieder besser geht. Wenn er eine Entscheidung zu treffen hat, wollen wir ihm sagen, was er tun soll. Und doch können wir ihm nur einen einzigen echten Dienst erweisen: nämlich, bei ihm zu sein – genau an dem Punkt, an dem er sich gerade befindet, und genau so, wie er ist. Wir müssen Vertrauen zum Leid und zu all den Schwierigkeiten und Fehlern in unserem Leben haben; denn dadurch entwickeln wir uns weiter, wenn wir nicht davor weglaufen.

Nelle Morton, eine feministische Schriftstellerin der Siebzigerjahre, sprach in beredten Worten davon, wie hilfreich es ist, „uns gegenseitig ins Sein zu hören". Rachel Naomi Remen drückt das Gleiche etwas anders aus: „Durch unser Zuhören schaffen wir eine Zuflucht für die heimatlosen Teile eines anderen Menschen." An unseren Mitmenschen gibt es nichts zu reparieren oder zu retten; es gibt nur das Geschenk des Zuhörens. Menschen brauchen einen sicheren Zufluchtsort, wo sie „sich selbst hören" können. Oder um auf die Geschichte vom Affen und dem Fisch zurückzukommen: Letzten Endes können wir einem Menschen in Not nur anbieten, mit ihm ins Wasser zu gehen, statt ihn zu uns auf den Baum zu holen.

Ein weiterer Weg, auf dem wir Gewalt als Fürsorge maskieren, sind unsere Sorgen. Sorge ist fehlender Glaube an den anderen und mit Liebe unvereinbar. Entweder wir vertrauen darauf, dass der andere Mensch sein Bestes tut, oder nicht. Mit unserer Sorge sagen wir ihm: „Ich traue dir nicht zu, dein Leben richtig zu führen." Sorge kommt von einem Standpunkt der Arroganz – dem Glauben, dass ich besser weiß als du, was in deinem Leben passieren sollte. Die Sorge sagt: „Ich traue deinem Weg, deinen Antworten oder dem Tempo deiner Entwicklung nicht."

Sorge ist Angst, die noch nicht erwachsen geworden ist; wenn wir uns Sorgen machen, nutzen wir unsere Vorstellungskraft für falsche Zwecke. Wenn wir uns um andere Menschen sorgen, werten wir sie ab und beleidigen sie.

An dieser Stelle möchte ich gerne den Unterschied zwischen *Hilfe* und *Unterstützung* erklären. Für mich hat das Wort *Hilfe* den Beigeschmack, dass ich mit den Entscheidungen und Herausforderungen des Lebens besser zurechtkomme als jemand anders: Ich bin ihm gewissermaßen um eine Nasenlänge voraus. Wenn ich einen anderen Menschen dagegen unterstütze, begegne ich ihm auf Augenhöhe und mit den gleichen Fähigkeiten, begleite ihn auf seinem Weg und bringe ihm Ehrfurcht und Respekt entgegen, statt einfach nur fertige Lösungen zu liefern. Das Chrysalis Center für misshandelte Frauen in Minneapolis (Minnesota) hat ein Motto, in dem dieses Konzept „Vertrauen statt Sorge und Unterstützung statt Hilfe" wunderbar zum Ausdruck kommt: „Jede Frau weiß ihre eigene Lösung. Jede Frau entwickelt sich in ihrem eigenen Tempo weiter. Jede Frau hat ihren eigenen Weg."

Letzten Endes geht es um Folgendes: Trete ich meinem Kind, meinem Freund, meinem Partner, mir selbst in einer Haltung der Liebe oder der Sorge gegenüber? Welche Einstellung lässt mir mehr Raum zum Atmen, mit welcher Haltung setze ich meine Energie effizienter ein und kann den anderen besser aufbauen? Was würde im Leben anderer Menschen geschehen, wenn wir ihnen nicht mit Sorge, sondern mit Liebe begegneten, ihnen vertrauten und an sie glauben könnten? Wenn wir uns selbst wirklich und uneingeschränkt lieben und akzeptieren können, beginnt das Mitgefühl in unseren Herzen zu erblühen; und dann fangen wir an, auch unsere Mitmenschen mit anderen Augen zu sehen.

Mitgefühl entwickeln

Wir lernen Mitgefühl zu haben, wenn wir unsere persönliche Sichtweise der Welt aufgeben und sanfte, liebevolle Augen entwickeln, die keine Angst davor haben, die Realität so zu sehen, wie sie ist. Wir lernen Mitgefühl zu haben, wenn wir aufhören, in unserem Kopf zu leben, wo wir alles ordentlich an seinen Platz räumen können, und uns stattdessen in unserem Körper erden, in dem vielleicht keine so große Ordnung herrscht. Wir lernen Mitgefühl zu haben, wenn wir nicht mehr versuchen, uns und andere Menschen zu ändern – wenn wir die Grenzen aufweichen, die uns von allem trennen, was wir nicht verstehen. Wir lernen Mitgefühl zu haben, wenn wir einfache Akte der Güte und Freundlichkeit vollbringen und akzeptieren, dass das Leben der anderen genauso wichtig ist wie unser eigenes.

Wenn wir anfangen, die Grenzen unseres Herzens zu erweitern, können wir klarer sehen, was notwendig ist, und mit unserem Tun tatsächlich etwas bewirken. Mitgefühl ist eine klare Antwort auf die Erfordernisse des Augenblicks. Im Leben wirklich großer Menschen können wir sehen, wie man diese Wahrheit praktiziert: Sie handeln mit einem Mitgefühl und einem Geschick, das tatsächlich etwas verändert.

Im Neuen Testament lautet das griechische Wort für Mitgefühl *splagchnizomai*. Wörtlich übersetzt bedeutet das, Gefühle in seinen Eingeweiden oder in anderen inneren Organen zu haben. Normalerweise betrachten wir das Herz als Sitz des Mitgefühls; doch zur Zeit Jesu Christi galten die Eingeweide als Sitz unserer Gefühle. Weil man Mitgefühl als eine sehr stark aus dem Bauch herauskommende innere Reaktion empfand, die einen innerlich zerreißt, wurde dieses Wort im Neuen Testament nur sparsam verwendet. Wenn man es überhaupt benutzte, dann nur zur Beschreibung eines Menschen, den die Situation eines anderen so tief berührte, dass er sich sofort für ihn einsetzte. Im Evangelium war Mitleid mehr als nur ein leidvolles Gefühl; es war eine starke innere Reaktion, die zu einer sofortigen äußeren Handlung führte, mit der man dem anderen half und dabei sogar ein Risiko auf sich nahm.

> Wir lernen, Mitgefühl zu haben, wenn wir unsere persönliche Sichtweise der Welt aufgeben und sanfte, liebevolle Augen entwickeln, die keine Angst davor haben, die Realität so zu sehen, wie sie ist.

Eine Freundin erzählte mir von einem Vorfall, den sie vor vielen Jahren erlebt hat. Eine Frau in der Nachbarwohnung, die ein neugeborenes Baby hatte, begann verzweifelt zu schreien, dass ihr Mann sich im Badezimmer eingeschlossen habe und sich umbringen wolle. Nachdem meine Freundin die Notrufnummer gewählt hatte, verstieß sie gegen alle Regeln zum Schutz ihrer eigenen Sicherheit, verschaffte sich irgendwie Zugang zu dem Badezimmer und nahm den Mann, der inzwischen stark blutend auf dem Boden lag, in die Arme: Sie ließ alle Vorsichtsmaßnahmen außer Augen, um diesen Mann zu beruhigen und zu trösten, während die beiden Frauen auf Hilfe warteten.

So ist das mit dem Mitgefühl: Es hebt uns über die Grenzen etablierter Normen und oft auch über die Grenzen unserer persönlichen Sicherheit hinaus und man tut Hals über Kopf, was man kann, um das Leid eines anderen Menschen zu lindern. Mitgefühl vergisst sich selbst und alle Normen und Verhaltensregeln, um auf die Hilferufe eines Mitmenschen zu reagieren. Vielleicht besitzen wir noch nicht den Mut und das tiefe Mitgefühl, das meine Freundin damals an den Tag legte; aber wir können trotzdem anfangen, anderen bei all unseren Begegnungen Güte und Freundlichkeit entgegenzubringen.

Als mein Mann elf Jahre alt war, starb sein Vater bei einem Autounfall und hinterließ sieben kleine Kinder und eine vor Entsetzen wie betäubte Frau. Mein Mann erzählt immer wieder liebevoll, wie einer seiner Onkel damals anfing, regelmäßig bei ihnen zu Hause vorbeizuschauen, ihn und seine Geschwister zu einem Softballspiel im Hinterhof zu überreden, sie zu ihrem allerersten Footballspiel der Minnesota Vikings mitzunehmen oder sie an schönen Wintertagen zu einer abgelegenen Straße zu fahren, wo es einen wunderbaren Hügel zum Schlittenfahren gab. Dort fuhr der Onkel sie immer wieder in seinem Kombi hinauf, damit sie mit ihren Schlitten den Hügel hinuntersausen konnten. Dieser Onkel hatte einfach Mitgefühl beim Anblick seiner sieben fassungslosen Nichten und Neffen, deren Vater plötzlich ums Leben gekommen war. Niemand hatte ihn um etwas gebeten. Von einem intuitiven Bauchgefühl bewegt, handelte er unaufgefordert und tat etwas für die verwaiste Familie. Mit diesem Verhalten hat er meinen Mann damals ungeheuer beeindruckt und ihm sehr geholfen.

Lucille Clifton hat einmal gesagt: „Jedes Augenpaar, in das du schaust, hat wahrscheinlich irgendetwas erlebt, was du nicht ertragen könntest." Jeder Mensch auf dieser Erde hält in den Ecken und Winkeln seines Herzens schmerzliche Geschichten verborgen. Wenn wir an diese Wahrheit denken würden, könnten wir unsere Mitmenschen vielleicht mit den Augen des Mitgefühls betrachten und nicht aus der Perspektive unserer eigenen Werturteile und Vorlieben.

Bei einem Workshop im *Esalen Institute* lernte ich einen Mann aus Tokio kennen, der das Mitgefühl und die Sanftheit der Gewaltlosigkeit lebte. Dieser Mann strahlte ein gewisses Licht aus, und mir fiel auf, dass auch die anderen Kursteilnehmer sich zu ihm hingezogen fühlten. Ich war hocherfreut, als ich mich eines Nachmittags beim Mittagessen in seiner Gesellschaft wiederfand und seine Geschichte hören durfte. Er hatte in Japan ein Leben auf der Überholspur geführt – als Unternehmer mit großem Talent und Engagement war er in rasantem Tempo die Erfolgsleiter hinaufgeklettert. Doch dann hatte sich sein Leben von einer Sekunde auf die andere verändert, als sein bester Freund, der ein sehr ähnliches Leben geführt hatte wie er, plötzlich an einem Herzinfarkt starb.

Ich hörte wie gebannt zu, als dieser Mann, der mir am Tisch gegenübersaß, in leisem, aber bestimmtem Ton erzählte, wie er in diesem Augenblick sein ganzes Leben vor seinem inneren Auge ablaufen gesehen habe und er sich daraufhin sofort aus dem Geschäftsleben zurückgezogen habe, um mit dem Marathonlaufen zu beginnen. Noch unglaublicher war, dass er zuvor noch nie trainiert hatte: Er hatte einfach aus Liebe zum Laufen und aus Liebe zum

Leben damit begonnen. Jetzt, mit Ende vierzig, läuft er seit fünf Jahren jede Woche einen Marathon. Wenn ich ihn mir so anschaute, musste ich staunen, denn er hatte einen stämmigen Körper und krumme Beine – und doch hatte er noch nie auch nur die kleinste Verletzung erlitten. Er flog um die ganze Welt, um jeweils am Wochenende einen Marathon zu laufen, und das war sein Training. Als man ihn fragte, wie er es zu dieser Ausdauer gebracht habe, ohne zu trainieren und ohne sich jemals zu verletzen, antwortete er ehrfürchtig: „Mit jedem Schritt berühre ich nur ganz leicht die Erde, um ihr keinen Schaden zuzufügen, und sie fügt mir auch keinen Schaden zu."

Was auch immer wir tun – das Juwel von Ahimsa – oder Gewaltlosigkeit – fordert uns dazu auf, mit leichtem Schritt durch die Welt zu gehen, keinen Schaden anzurichten und Ehrfurcht vor unserer Beziehung zur Erde, zueinander und zu uns selbst zu haben.

Fragen zur Selbsterforschung

Wenn Sie sich von diesen Fragen durchs Leben begleiten lassen, sich Zeit zum Nachdenken nehmen und Tagebuch führen, werden Sie neue Einsichten in Ihr Leben und in die Praxis der Gewaltlosigkeit gewinnen. Wählen Sie als Basis für Ihre Selbsterforschung in diesem Monat folgende Aussage von Etty Hillesum, einem jungen Holocaust-Opfer:

> Letztendlich haben wir nur eine moralische Pflicht: große Bereiche des Friedens in unserem eigenen Inneren zurückzuerobern,

> immer mehr Frieden,
> und anderen Menschen diesen Frieden widerzuspiegeln.
> Und je mehr Frieden in unserem eigenen Inneren wohnt,
> desto mehr Frieden wird es auch in unserer unruhigen
> Welt geben.

Woche 1: Üben Sie in dieser Woche, mutig zu sein, indem Sie jeden Tag etwas tun, was Sie normalerweise nicht tun würden. Wenn Sie sich trauen, tun Sie ruhig etwas, das Ihnen richtige Angst einjagt! Freuen Sie sich darüber, dass Sie sich davor fürchten und es trotzdem tun. Können Sie zwischen Angst und dem Unbekannten unterscheiden? Beobachten Sie, was mit Ihrer Selbstwahrnehmung passiert und wie sich Ihre Beziehung zu anderen Menschen verändert, wenn Sie sich mutig in unbekanntes Terrain vorwagen.

Woche 2: Hüten Sie Ihr inneres Gleichgewicht in dieser Woche wie Ihren wertvollsten Schatz. Aber lassen Sie sich bei der Suche nach Gleichgewicht nicht von irgendeiner kopflastigen Vorstellung leiten, sondern von den Botschaften Ihres Körpers. Brauchen Sie zurzeit mehr Schlaf? Mehr Bewegung? Sollten Sie sich anders ernähren? Beten? Brauchen Sie mehr Abwechslung in Ihrem Leben? Handeln Sie nach den Botschaften Ihres Körpers und versuchen Sie herauszufinden, wie Gleichgewicht für Sie in dieser Woche aussieht. Achten Sie darauf, wie sich das auf Ihr Leben und Ihre Mitmenschen auswirkt.

Woche 3: In dieser Woche sollten Sie darauf achten, wo Sie sich in das Leben anderer Menschen einmischen. Machen

Sie sich Sorgen um Ihre Mitmenschen? Oder versuchen Sie, deren Leben „in Ordnung zu bringen“? Machen Sie sich den Unterschied zwischen *Hilfe* und *Unterstützung* klar. Achten Sie darauf, welchen Problemen in Ihrem eigenen Leben Sie vielleicht aus dem Weg gehen, indem Sie sich so sehr für das Leben anderer Leute interessieren.

Woche 4: Tun Sie eine Woche lang so, als ob Sie vollständig wären. Es gibt keinen Grund, irgendwelche Erwartungen an sich selbst zu stellen, etwas an sich zu kritisieren, zu beurteilen oder zu verändern. Sie müssen mit niemandem konkurrieren, müssen nicht mehr (oder weniger) sein, als Sie sind. Achten Sie darauf, wie sich das anfühlt. Wie viel Freude, Freundlichkeit und Geduld können Sie für sich selbst aufbringen?

Denken Sie in diesem Monat über die Worte von Etty Hillesum nach und holen Sie immer mehr Frieden in Ihr Inneres hinein.

SATYA

Kommt mein „Ja" aus einer dunklen Ecke oder aus dem Licht in meinem Herzen?

– *Catharine Larsen*

सत्य

Kapitel 3
Satya: Wahrhaftigkeit

Vielleicht haben Sie *Die Chroniken von Narnia* von C.S. Lewis gelesen. Diese wunderschöne Buchreihe war in meiner Familie viele Jahre lang eine absolute Lieblingslektüre. Im ersten Buch, *Der König von Narnia,* erzählen Herr und Frau Biber vier Kindern von dem mächtigen König Aslan, der Unrecht wiedergutmachen, Kummer vertreiben, den Winter verjagen und den Frühling ins Land bringen kann. Auf die Frage, ob Aslan ein Mensch sei, erklärt Herr Biber den Kindern streng, dass Aslan definitiv kein Mensch sei – er sei der König der Tiere, und jeder, der sich ihm nähere, solle das mit zitternden Knien tun. Die Kinder haben Angst, dass Aslan gefährlich sein könnte, und Herr Biber bestätigt sie in dieser Befürchtung. Er versichert ihnen jedoch auch, dass der König der Tiere zwar gefährlich sein kann, aber gutherzig ist.

Genau wie Aslan, der König von Narnia, ist auch das Juwel *Satya* (Wahrhaftigkeit) gefährlich, aber gut. Wahrheit besitzt die Macht, Unrecht wiedergutzumachen und Leid und Sorgen ein Ende zu setzen. Sie ist unbestechlich in ihren Forderungen und großmütig in dem, was sie zu bieten hat. Sie lädt uns an Orte ein, die wir nur selten aufsuchen – auf Entdeckungsreisen, bei denen wir oft nicht wissen, wie das Ergebnis aussehen wird. Wenn wir uns der Wahrheit nicht „mit zitternden Knien" nähern, haben wir die Tiefgründigkeit dieser Verhaltensregel nicht richtig verstanden. Vielleicht denken wir, Wahrheit bedeute einfach nur, unsere Mutter nicht zu beschwindeln, wenn sie uns fragt, ob wir trotz eines Verbots Kekse gegessen haben. Aber Wahrheit verlangt eine Integrität gegenüber dem Leben und unserem eigenen Ich, die viel mehr ist als bloßer Verzicht auf Lügen.

Genau wie Aslan, der König von Narnia, ist auch das Juwel *Satya* (Wahrhaftigkeit) gefährlich, aber gut.

Wenn wir authentisch sind, statt nett zu sein – wenn wir ehrlichen Selbstausdruck der Maßlosigkeit, Wachstum dem Bedürfnis nach Zugehörigkeit und Flexibilität der Starrheit vorziehen –, beginnen wir die tiefere Dynamik der Wahrhaftigkeit zu verstehen und die Freiheit und Güte dieses Juwels kennenzulernen.

Seien Sie lieber authentisch als nett!

C. G. Jung schreibt: „Eine Lüge hätte keinen Sinn, wenn man die Wahrheit nicht als gefährlich empfinden würde." Warum lügen wir? Haben wir Angst davor, die Gefühle unseres Gegenübers zu verletzen, oder fürchten wir, nicht mehr gemocht oder bewundert zu werden, wenn wir die Wahrheit sagen? Einer meiner Freunde sagt: „Ich suche mir eine Schachtel in der richtigen Größe aus, stecke mich hinein, verpacke sie mit hübschem Papier und einer Schleife, und so ‚präsentiere' ich mich dann meinem Gegenüber." Ein anderer Freund von mir erklärt: „Ich zeige mich bei jedem Menschen von einer anderen Seite. Meine größte Angst ist, dass irgendwann einmal alle Leute, die ich kenne, zur selben Zeit im selben Zimmer sitzen und ich dann nicht weiß, wer ich sein soll."

„Meine größte Angst ist, dass irgendwann einmal alle Leute, die ich kenne, zur selben Zeit im selben Zimmer sitzen und ich dann nicht weiß, wer ich sein soll."

Und dann ist da auch noch das Thema „Nettigkeit". Yogiraj Achala hat einmal gesagt, dass man sich vor netten Menschen in Acht nehmen sollte. Da ich selbst ein netter Mensch bin, war ich darüber zuerst gekränkt und dann verwirrt. Ich nahm mir seine Aussage zu Herzen und begann darüber nachzudenken, welche Wahrheit darin liegt. Und da wurde mir die Diskrepanz klar, die zwischen Nettigkeit und Authentizität liegt.

Nettigkeit ist eine Illusion – ein Mantel, unter dem sich Lügen verbergen, eine Verpackung unserer selbst in einer vorzeigbaren Schachtel, die uns von einer äußeren Autorität auferlegt wurde. Menschen, die „nett“ sind, halten die Wahrheit so lange in ihrem Inneren verborgen, bis eine bestimmte Grenze erreicht ist – und dann fällt ihr Verhalten auf gefährliche Art und Weise aus dem Rahmen. Ich weiß das, denn ich war früher selbst einmal so ein Mensch.

Das Echte kommt aus dem Zentrum unseres einmaligen Wesens und reagiert von dort aus auf die jeweilige Situation. In der Echtheit liegt eine Kühnheit, eine Essenz, eine Spontaneität. Sie fordert uns dazu auf, aus einer Perspektive heraus zu leben, aus der es nichts zu verteidigen und nichts zu „managen“ gibt. Sie ist ein Kontakt mit dem jetzigen Augenblick, an dem es nichts Aufgezwungenes und auch keine schönen Verpackungen gibt. Authentizität ist etwas, was uns an unserem Gegenüber vielleicht nicht immer gefällt; aber zumindest wissen wir dann, dass wir mit diesem Menschen keine Überraschungen erleben werden. Das Authentische ist zwar nicht immer angenehm, aber es ist vertrauenswürdig. Als ich meinen Mann kennenlernte, hielt ich ihn irrtümlicherweise zunächst für schwul. Daher zeigte ich mich ihm gegenüber nicht so, wie ich es normalerweise getan hätte, wenn ich eine Liebesbeziehung für möglich gehalten hätte. Heute weiß ich, dass die Tiefe unserer Beziehung sich auf dem Fundament dieser ersten Erfahrung aufgebaut hat, bei der ich ihm mein wahres, authentisches Ich zeigte. Und er hat mir das gleiche Geschenk der Echtheit gemacht.

Was treibt Sie dazu, sich zu verstellen, Ihre wahre Meinung zu verschweigen oder Ja zu sagen, wenn Sie in Wirklichkeit Nein meinen? Oder wie C. G. Jung es ausdrücken würde: Was ist in diesem Augenblick so gefährlich an der Wahrheit, dass Sie sich für eine Lüge entscheiden? Es lohnt sich, einmal über diese Fragen nachzudenken.

Selbstausdruck oder Maßlosigkeit?

Wenn wir uns immer nur verbiegen und nie unsere wahre Meinung sagen, beginnen wir die Lust am Leben zu verlieren und in der Außenwelt nach Erfüllung zu suchen. Wir vergessen, dass wir hier auf der Erde sind, um uns auf ganz besondere Art und Weise selbst auszudrücken – so wie kein anderer Mensch es je getan hat oder tun könnte. Wir spüren diesen Drang in unserem Inneren, der hervorsprudeln und der Welt sagen will: Ich bin hier! Unser Selbstausdruck kann die verschiedensten Formen annehmen; doch wenn dieser Prozess aus irgendeinem Grund unterdrückt wird, verfallen wir leicht in Maßlosigkeit. Meistens nimmt diese Unterdrückung die Form von *Du solltest* oder *Du solltest nicht* an – Botschaften, die wir uns entweder selbst vermitteln oder die andere Menschen uns senden. Das Ergebnis ist stets fehlgeleitete Energie: Wir geben uns mit weniger zufrieden, als wir

> Das Leben zu leben, das aus der Tiefe unseres Wesens danach schreit, gelebt zu werden, setzt unsere Energie und Vitalität frei. Davon profitieren nicht nur wir, sondern auch alle Menschen um uns herum.

erhofft hatten, finden uns mit den Dingen ab, so wie sie sind. Oft ertappen wir uns dann dabei, dass wir unser wahres Ich verbergen, indem wir zu viel essen oder zu viel arbeiten, statt das zu tun, was wir wirklich wollen.

Das Leben zu leben, das aus der Tiefe unseres innersten Wesens danach schreit, gelebt zu werden, setzt viel Energie und Vitalität frei. Die Säfte fließen. Alle Menschen in unserem Umfeld profitieren von dieser Lebendigkeit, die wir dann spüren. Andererseits nimmt uns die Unterdrückung dieses Lebens – egal aus welchem Grund sie erfolgt – viel von unserer Lebensenergie. Schon allein das Vortäuschen falscher Tatsachen kostet eine Menge Energie.

Arthur Samuel Joseph, ein überall in den USA bekannter Stimmlehrer und Autor des Buches *Vocal Power: Harnessing the Power Within*, stellt seinen Schülern in der ersten Stunde immer eine interessante Aufgabe: Er fordert sie auf, nach Hause zu gehen und eine Audioaufnahme von sich zu machen, wie sie zuerst ein Gedicht rezitieren und anschließend ein Lied singen. Dann sollen sie sich ausziehen und die gleiche Übung noch einmal wiederholen. Wenn der Schüler dann zur nächsten Unterrichtsstunde kommt und ihm seine Hausaufgabe abspielt, erkennt Joseph stets sofort, welche Aufnahme in nacktem Zustand gemacht wurde, weil die „nackte" Version viel lebendiger ist, sagt er.

Durch die vielen verschiedenen Arten, auf die wir uns verpacken und schützen (oder wenn wir die Sicherheit der Gruppenzugehörigkeit über unser Bedürfnis nach innerem Wachstum stellen), stumpfen wir uns selbst ab.

Zugehörigkeitsbedürfnis oder inneres Wachstum?

In der Familienaufstellungsarbeit von Bert Hellinger (einem Therapieverfahren, das sich mit Familiensystemen beschäftigt) kommt eine ganz besondere Sichtweise von Schuld und Unschuld zum Ausdruck: Laut Hellinger haben wir Menschen sowohl das Bedürfnis, zu Gruppen zu gehören, als auch das Bedürfnis, unseren Horizont zu erweitern und innerlich zu wachsen. Solange wir die Zustimmung der Gruppe genießen, erleben wir die Unschuld der Zugehörigkeit. Wenn wir jedoch beginnen, über die Gruppe hinauszuwachsen, empfinden wir Schuldgefühle gegenüber der Gruppe. Für die Wahrheit unserer Freiheit müssen wir den Preis eines schlechten Gewissens zahlen.

Ich selbst habe diese Erfahrung gemacht, als ich mich dem Feminismus zuwandte. Damals war der Feminismus für mich ein Zufluchtsort, der vielen Erfahrungen in meinem Leben eine Stimme gab. Es erschien mir einfach sinnvoll, dass Frauen genauso wichtig sind wie Männer und dass es eine Gleichstellung zwischen den Geschlechtern geben sollte. Doch meine Mutter empfand das als Affront, weil der Feminismus allem widersprach, woran sie glaubte; in ihren Augen hätte ich nichts Schlimmeres tun können. Daher hatte ich meiner Mutter gegenüber ein schlechtes Gewissen und das Gefühl, meine Liebe zu ihr verraten zu ha-

> Menschen haben sowohl das Bedürfnis, zu Gruppen zu gehören, als auch das Bedürfnis, ihren Horizont zu erweitern und innerlich zu wachsen.

ben; und doch wusste ich gleichzeitig, dass ich in dieser Phase meines Lebens einer tiefen Sehnsucht meiner Seele gefolgt war. Obwohl unsere Liebe zueinander stark und intakt blieb, war meine Entscheidung für den Feminismus nach wie vor ein schmerzliches Thema für meine Mutter und mich.

Es gibt viele Gruppen, denen wir angehören; unser Land, unsere Kultur, unser Geschlecht, unsere soziale Klasse, unsere Altersgruppe, unsere Rasse, unsere Religion, unsere Herkunftsfamilie, unsere Gemeinschaft, unser Arbeitsplatz und die verschiedenen Organisationen, in denen wir Mitglied sind. In all diesen Gruppen herrschen Regeln und Glaubenssysteme – manche schriftlich festgelegt, andere unausgesprochen –, die wir befolgen müssen, um dazuzugehören. Diese Regeln und Glaubenssysteme sind notwendig: Sie verleihen der Gruppe ihre Form und Identität. Und solange diese Regeln nicht mit unserer inneren Sehnsucht kollidieren, immer stärker in unser ganzes Ich hineinzuwachsen, ist das auch gar kein Problem. Doch wenn ein Konflikt zwischen dem Bedürfnis nach Zugehörigkeit und dem Bedürfnis nach innerem Wachstum entsteht, müssen wir uns entscheiden: Wir müssen entweder einen Teil von uns selbst opfern, um unsere Zugehörigkeit zur Gruppe aufrechtzuerhalten, oder die Zustimmung und Unterstützung der Gruppe riskieren, indem wir uns weiterentwickeln.

Die Wahrheit scheint uns meistens die schwierigere Entscheidung abzuverlangen.

Denken Sie zum Beispiel an eine Demonstrantin, deren Gewissen einen Krieg ablehnt, an dem ihr Land beteiligt ist. Wird sie ihrer inneren Wahrheit folgen und offen ihre Meinung sagen, auch wenn sie dafür ins Gefängnis muss? Oder denken Sie an einen Mann in einem Sackgassen-Job, der für ihn leblos und uninteressant ist; aber er muss eine Familie ernähren und seinen Kindern ein Studium finanzieren. Wird er eine andere Stellung annehmen, die ihn reizt, bei der er aber deutlich weniger verdient? Oder versetzen Sie sich in die junge Mutter hinein, die gern eine Fortbildung machen möchte, aber tief in einer Familie und Gemeinschaft verwurzelt ist, in der man von Müttern erwartet, dass sie zu Hause bleiben und sich um ihre kleinen Kinder kümmern? Wird diese junge Frau sich für die innere Wahrheit ihrer Sehnsucht entscheiden und darauf vertrauen, dass sie sich *noch* liebevoller um ihre Kinder kümmern kann, wenn sie gleichzeitig ein interessantes, erfülltes Leben führt?

In solchen Situationen gibt es keine falsche oder richtige Entscheidung. Ganz im Gegenteil: Diese Beispiele zeigen, warum es manchmal so schwierig ist, auf unsere innere Stimme zu hören, die möchte, dass wir uns verändern und weiterentwickeln – dass wir ehrlich zu uns selbst sind und nach dieser inneren Wahrheit handeln. Wenn wir eine dieser Beispielgeschichten weiterspinnen, würden wir sehen, dass sich nur allzu leicht noch mehr Gründe dafür finden lassen, im Status quo zu verharren. Ich höre von meinen Mitmenschen immer wieder den Satz: „Ich weiß einfach nicht, was ich tun soll." Aber ich denke, meistens wissen wir das sehr wohl; der Preis, den wir für diese Wahrhaftigkeit zahlen müssen, erscheint uns nur zu hoch.

Die Wahrheit scheint uns meistens die schwierigere Entscheidung abzuverlangen. Wahrhaftigkeit lädt uns dazu ein, auf alle Details unseres täglichen Lebens zu achten, damit wir gleich beim ersten Mal das Richtige tun.

Mach es gleich beim ersten Mal richtig!

Yogiraj Achala hat einmal gesagt, dass es sich lohnt, eine Aufgabe gleich beim ersten Mal richtig zu erledigen, weil spätere Korrekturen so viel Zeit kosten. Denken Sie einmal darüber nach: Wie viel Zeit brauchen Sie, um das Gespräch mit jemandem zu suchen, zu dem Sie vorher unfreundlich waren, und sich bei ihm zu entschuldigen? Oder noch einmal zurückzugehen und zu sagen, dass Sie ein gegebenes Versprechen nicht einhalten können? Oder vielleicht investieren Sie viel Zeit und Energie in den Versuch, diesem Menschen aus dem Weg zu gehen, weil Ihr Verhalten Ihnen peinlich ist. Können Sie sich vorstellen, gleich beim ersten Mal so zu sprechen und zu handeln, dass Sie sich nie wieder entschuldigen oder eine neue Vereinbarung treffen müssen? Wie viel Zeit bringen Sie damit zu, Dingen aus dem Weg zu gehen, die Ihnen unangenehm sind, wie beispielsweise das Schreiben Ihres Testaments oder die Beschäftigung mit Ihren Finanzen? All das sind Akte des Selbstbetrugs und erzeugen verfahrene Situationen, die wir früher oder später wieder bereinigen müssen.

Und was ist mit den Lügen, die Sie sich selbst erzählen? Ich bringe mich immer wieder in Schwierigkeiten, weil ich mir eine unrealistische Zeitplanung vorgaukle. Ich mache mir und anderen Menschen Versprechungen, ohne die Realität der Unterbrechungen, Pausen oder Freizeitbeschäftigungen zu berücksichtigen, die dazwischenkommen können. Und dann muss ich meine Versprechen entweder wieder zurücknehmen, oder mein Leben gerät aus dem Gleichgewicht, weil ich mir zu viele Verpflichtungen aufgebürdet habe – weil ich nicht ehrlich zu mir selbst gewesen bin. Ich belüge mich aber auch selbst, indem ich mir zu hohe Ziele setze, die reines Wunschdenken sind, weil ich das alles in Wirklichkeit gar nicht in meiner Zeit unterbringen kann. Hinterher muss ich den Schlamassel, in den ich mich selbst gebracht habe, wieder in Ordnung bringen. Und nicht nur das – ich war auch wieder einmal ein Mensch, der sich selbst nicht vertrauen kann.

> Können Sie sich vorstellen, gleich beim ersten Mal so zu sprechen und zu handeln, dass Sie sich nie wieder entschuldigen oder eine neue Vereinbarung treffen müssen?

Können Sie sich selbst vertrauen? Können Sie das Risiko eingehen, ehrlich zu sich selbst zu sein? Können Sie die Versprechen einhalten, die Sie sich und anderen Menschen geben? Wir müssen das Risiko auf uns nehmen, ehrlich zu uns zu sein, und zu Menschen zu werden, die sich selbst vertrauen können. Dann wird es uns auch leichtfallen, das Vertrauen zu ertragen, das andere Menschen in uns setzen. Uns selbst gegenüber wahrhaftig zu sein, macht uns vertrauenswürdig und befreit uns von den vielen unangenehmen Stunden, die wir normalerweise in Schuldgefühlen und Reue über unsere Unehrlichkeit verbringen. Wahrhaftigkeit erspart es uns, solche Situationen wieder in Ordnung bringen zu müssen, und gleichzeitig lernen wir dabei auch noch etwas.

„Es gleich beim ersten Mal richtigmachen" kann verschiedene Formen annehmen. Wahrhaftigkeit ist ein Tanz, bei dem sich die Regeln und Gewissheiten den Umständen entsprechend ändern. Gerade diese Veränderlichkeit macht sie so interessant.

Wahrheit ist immer im Fluss

Aufgrund ihrer engen Verbindung mit der Gewaltlosigkeit hat Wahrheit etwas Fließendes an sich. In manchen Situationen zeigt sie sich kühn und mutig – zum Beispiel, wenn wir ein schonungsloses Gespräch mit einem geliebten Menschen führen, der dem Alkoholismus zum Opfer gefallen ist. Dann wieder manifestiert sie sich auf sehr sanfte, liebevolle Weise – zum Beispiel, wenn wir die fleißigen Zeichnungen oder Basteleien eines kleinen Kindes loben. Diese beiden Beispiele zeigen, welch unterschiedliche Färbungen Wahrhaftigkeit annehmen kann, wenn sie mit der Liebe der Gewaltlosigkeit einhergeht. Das Mitgefühl der Gewaltlosigkeit bewahrt die Wahrhaftigkeit davor, zur Waffe zu werden. Es warnt uns, lieber zweimal nachzudenken, bevor wir andere Menschen mit unserer Wahrheit niedermähen und uns dann wundern, wenn niemand mehr etwas mit uns zu tun haben will.

Das Mitgefühl der Gewaltlosigkeit bewahrt die Wahrhaftigkeit davor, zur Waffe zu werden.

Die Wahrheit ist ständig im Fluss. Daher müssen wir unsere Linse reinigen und die Welt immer wieder durch eine neue Brille betrachten. Unsere Sichtweise wird durch viele Faktoren begrenzt, die uns prägen: die Gruppen, denen wir angehören, und unsere persönlichen Erfahrungen. Unsere Vorstellungen und Überzeugungen – egal ob sie uns bewusst sind oder nicht – beeinflussen unser ganzes Tun und all unsere Entscheidungen. Ein mutiger Mensch der Wahrheit zu sein, bedeutet, stets nach dem zu suchen, was wir nicht sehen, und uns mit anderen Sichtweisen zu konfrontieren als denen, die uns heilig sind. Daran erinnert Yogiraj Achala uns mit den Worten: „Was siehst du nicht, weil du siehst, was du siehst?"

Dieses ständige Im-Fluss-Sein der Wahrheit meinte C. G. Jung, als er sagte, dass das, was zu einem bestimmten Zeitpunkt für uns wahr ist, uns irgendwann nicht mehr dient und schließlich zur Lüge wird. Er wusste, dass Wahrheit sich im Lauf der Zeit verändert: Was damals gestimmt hat, als wir zwei Jahre alt waren, ist nicht mehr wahr oder irrelevant, wenn wir siebzehn sind. In seinem Buch *Seelenprobleme der Gegenwart* schreibt Jung: „Völlig unvorbereitet gehen wir den Schritt in den Nachmittag des Lebens; schlimmer noch, wir gehen diesen Schritt in der falschen Annahme, dass unsere Wahrheiten und Ideale uns wie bisher dienlich sein werden. Aber wir können den Nachmittag des Lebens nicht nach dem Programm des Lebensmorgens begehen – denn was am Morgen groß war, wird am Abend klein sein, und was am Morgen wahr war, wird am Abend zur Lüge geworden sein." Die Verhaltensregel der Wahrhaftigkeit fordert uns dazu auf, unsere Meinungen, Überzeugungen und Wertvorstellungen immer wieder aufs Neue zu aktualisieren, um nicht hinter dem Entwicklungsstand unserer selbst und unserer Umgebung zurückzubleiben.

In Indien hat diese Veränderlichkeit der Wahrheit ihren Ausdruck in der Praxis der *Vier Lebensstadien* gefunden: Man unterteilte das Leben in vier gleiche Teile oder Phasen, in denen jeweils ein bestimmter Aspekt des Lebens praktiziert und gewürdigt wird. Im ersten Lebensabschnitt wird man erwachsen und erlernt mit Unterstützung der Eltern eine Fähigkeit, für die man Interesse und Begabung mitbringt. Im zweiten Lebensabschnitt gilt es, diese Fähigkeit zum Wohl der Gemeinschaft auszuüben und damit Geld zu verdienen, um davon leben und eine Familie gründen zu können. Im dritten Lebensabschnitt geht es darum, sich von weltlichen Besitztümern und Aufgaben zu verabschieden und nach innerer Weisheit zu streben. Und in der letzten Lebensphase soll man in die Gemeinschaft zurückkehren und sie mit dieser Weisheit, die man inzwischen erworben hat, leiten und unterstützen.

Unsere heutige Zeit mag uns komplizierter erscheinen; aber es gibt doch etwas, das wir von diesen *Lebensstadien* lernen können: Wir können uns fragen, ob wir uns auch wirklich mit den Dingen beschäftigen, die unserer Lebensphase angemessen sind, und ob wir etwas Bedeutsames getan haben, um die Übergänge von einer Phase zur anderen zu markieren. Rituale helfen uns, etwas zu beenden und einen Neuanfang zu machen, ohne das Gewicht dessen, was wir hinter uns lassen, weiter mit uns herumzuschleppen. Meine älteste Enkelin hat zum Beispiel gerade einen Wendepunkt in ihrem Leben markiert, indem sie sich am Abend vor Beginn des letzten Schuljahres mit allen Schülern ihres Jahrgangs traf, um ihre Namen mit Kreide auf den Parkplatz der Highschool zu schreiben. Mit diesem Ritual haben die Schüler den Anfang und das Ende eines Lebensabschnitts markiert.

Wahrheit hat Gewicht

Obwohl die Wahrheit das Fließende dem Starren vorzieht, hat sie Substanz. Wer das Prinzip der Wahrhaftigkeit lebt, hat eine gewisse „Dicke" – ein gewisses Gewicht. Ich weiß noch, wie ich meine Geschäftspartnerin Ann einmal umarmte mit den Worten, dass sie dick sei. Daraufhin schaute sie mich etwas verdutzt an – bis ich ihr erklärte, dass ich die Tiefe ihrer Integrität und die Unerschrockenheit spüren könne, mit der sie mit dem Leben in Kontakt tritt, egal, in welcher Form es ihr begegnet. Ich erinnere mich noch genau daran, dass ich buchstäblich in der Lage war, diese Dicke – ihre Authentizität – zu spüren. Menschen mit Substanz (wie Ann) sind bereit, im Leben präsent zu bleiben. Es ist für sie unerheblich, wie unangenehm sich das anfangs anfühlen mag. Solche Menschen wissen, dass das Verharren in der Wahrheit des jetzigen Augenblicks ihrem Leben mehr Tiefe verleiht und dass sie dadurch kreativ und verantwortungsbewusst werden, statt einfach nur jemand zu sein, der die unausgesprochene Botschaft „Rette mich" wie ein Schild vor sich herträgt.

Wenn wir vor dem Leben davonlaufen, es zu „managen" versuchen oder unsere Energie mal hier, mal da verstreuen, fühlen wir uns anders, als wenn wir ganz sind – wenn unsere Gedanken, Worte und Handlungen zu einer

Einheit zusammenfließen. Wenn wir im jetzigen Augenblick zentriert sind, können wir sowohl der Alltäglichkeit als auch den Herausforderungen unseres Lebens voll und ganz begegnen – dem Abwasch ebenso wie einem Streit oder einer Umarmung. Es gibt keinen Grund, uns zurückzuhalten oder zu verstecken. Stattdessen sollten wir dem jetzigen Augenblick mit unserem ganzen Ich begegnen und bereit sein, in einer Haltung der Integrität und Wahrhaftigkeit hundertprozentig mit dem Hier und Jetzt in Kontakt zu treten. Dem jetzigen Augenblick „voll und ganz" zu begegnen, ist so ähnlich wie Kontaktsport: Wir haben keine Angst davor, uns mit allem, was wir haben, hundertprozentig in das Spiel einzubringen und dabei vielleicht auch ein bisschen herumgeschubst zu werden; denn das gehört alles zum Spaß dazu.

> Es lag eine Wildheit in der Art, wie diese Menschen der Wahrheit ihres Lebens gegenübertraten und um der Gerechtigkeit willen Risiken eingingen. Sie konnten mit dem Leben in seiner ganzen Fülle in Kontakt treten.

Es liegt großer Mut in dieser Bereitschaft, sich der Realität so zu stellen, wie sie ist, statt vor ihr davonzulaufen oder eine Barriere gegen sie zu errichten, damit wir sie nur noch abgeschwächt wahrnehmen. Im Jahr 1988 reiste ich mit dem *Center for Global Education* des *Augsburg College* nach Mittelamerika. Dort erlebte ich aus erster Hand genau diese Bereitschaft, sich der Realität zu stellen, wie schrecklich sie auch sein mag. Damals waren Reisen nach El Salvador gefährlich, weil Abertausende von Menschen von der salvadorianischen Miliz abgeholt, gefoltert und ihre Leichen anschließend in staatlichen Parks entsorgt wurden. Ich saß mit Müttern verschwundener Menschen zusammen. Sie zeigten mir Fotoalben mit Bildern ermordeter Angehöriger, deren Körper von Folterspuren übersät waren. Und doch erlebte ich damals in diesem Land einen Mut, eine Liebe und Freude, ein Gemeinschaftsgefühl, wie ich sie seither nicht mehr annähernd so intensiv wahrgenommen habe. Es lag eine Wildheit in der Art, wie diese Menschen der Wahrheit ihres Lebens gegenübertraten und um der Gerechtigkeit willen Risiken eingingen. An einem Ort und in einer Zeit, in der sie den schlimmsten Horror erlebten, konnten sie mit dem Leben in seiner ganzen Fülle in Kontakt treten. Das war eine sehr intensive Zeit für mich.

> Wovor haben wir solche Angst? Wie könnte mein Leben aussehen, wenn ich bereit wäre, in jeder Sekunde mit der Wahrhaftigkeit in Kontakt zu treten?

Als ich nach meinem Aufenthalt in Mittelamerika wieder in die USA zurückkehrte, war das ein richtiger Schock für mich. Alles fühlte sich geschützt, schal und abgestanden an. Es war, als hätte die amerikanische Kultur Barrieren errichtet, um die Realität zu zähmen – als könne sie nicht das Risiko eingehen, sich selbst die Wahrheit zu sagen. Vor nicht allzu langer Zeit wurde ich Zeuge einer grauenhaften Szene, in der ein Pitbull Terrier einen kleinen Hund totbiss. Ein paar Tage später hörte mein Sohn in einer Zoohandlung zufällig mit, wie der Geschäftsführer einem neu eingestellten Mitarbeiter Anweisungen gab: Um den Pitbull Welpen zu verkaufen, den sie im Laden hatten, solle er den Kunden sagen, dabei handle es sich um einen „American Terrier“. Dieses für unser Land typische Bemühen, Barrieren zu errichten, um die Wahrheit zu verbergen, kommt mir vor wie eine ansteckende Krankheit. Wovor haben wir solche Angst?

Die Macht der Wahrheit

Eines der Dinge, die mich verblüfften, als ich zum ersten Mal die Autobiografie von Mahatma Gandhi las, war die Aussage, sein Leben sei ein Experiment mit der Wahrheit. Eigentlich hätte ich eher erwartet, dass er von einem Experiment mit der Gewaltlosigkeit spricht – doch er sagte ausdrücklich „Wahrheit“. Für mich zeigt dieses Zitat, welche Macht einem in Wahrheit gelebten Leben innewohnt. Ein armes, kolonisiertes Land, dessen Bewohner sich gewaltlos miteinander vereinigen, gewinnt seine Freiheit; ein beherrschendes Land wird in die Knie gezwungen. Das war wohl die größte gewaltfreie Revolution der Geschichte – und das alles, weil ein Mann ein Experiment mit der Wahrheit gewagt hat!

Das bringt mich auf die Idee, mich zu fragen, wie *mein* Leben aussehen könnte, wenn ich bereit wäre, in jedem Augenblick mit der Wahrhaftigkeit in Kontakt zu treten.

Fragen zur Selbsterforschung

Wenn Sie sich von diesen Fragen durchs Leben begleiten lassen, sich Zeit zum Nachdenken nehmen und Tagebuch führen, werden Sie neue Einsichten in Ihr Leben und in die Praxis der Wahrhaftigkeit gewinnen. Wählen Sie als Grundlage für Ihre Selbsterforschung in diesem Monat folgende Aussage von Mahatma Gandhi:

> Ich weiß: Wenn ich mich auf Gewaltlosigkeit einlasse,
> tue ich etwas,
> was man als wahnsinniges Risiko bezeichnen könnte.
> Aber die Siege der Wahrheit
> sind noch nie ohne Risiko errungen worden.

Woche 1: Achten Sie in dieser Woche auf den Unterschied zwischen „nett" und „authentisch". Vergegenwärtigen Sie sich Situationen, in denen Sie nett waren. Was für Gedanken und Gefühle hat diese Erfahrung in Ihnen geweckt? Zu welchen Ergebnissen hat sie geführt? Denken Sie auch über Situationen nach, in denen Sie authentisch waren. Was für Gedanken und Gefühle hat diese Erfahrung in Ihnen geweckt? Zu welchen Ergebnissen hat sie geführt? Von wem oder wovon wünschen Sie sich Anerkennung? Wirkt sich dieses Streben nach Anerkennung darauf aus, ob Sie aus Ihrer „Nettigkeit" oder Ihrer „Echtheit" heraus handeln?

Woche 2: Verbringen Sie diese ganze Woche im Zustand des Selbstausdrucks. Gehen Sie mit Ihren inneren Hoffnungen und Träumen auf die Außenwelt zu. Ergreifen Sie Gelegenheiten, die Ihnen mehr Leben versprechen – trotz aller Konsequenzen. Beobachten Sie, was dabei in Ihnen vorgeht und wie andere Menschen darauf reagieren. Wenn Sie sich bei maßlosem Verhalten ertappen, fragen Sie sich: „Gibt es in meinem Inneren etwas, was ich nicht zum Ausdruck bringe?"

Woche 3: Achten Sie in dieser Woche darauf, „gleich beim ersten Mal alles richtigzumachen“. Gehen Sie bei allem, was sie tun, langsam und bedächtig vor. Machen Sie diese Woche zu einer Woche, in der Sie nicht noch einmal zu diesen Situationen und Gesprächen zurückkehren müssen, um sich zu entschuldigen oder Fehler zu korrigieren, und in der Sie nicht vor schwierigen Aufgaben weglaufen, mit denen Sie konfrontiert werden. Stellen Sie sich jedem Augenblick mit Mut und innerer Klarheit.

Woche 4: Denken Sie in dieser Woche über Ideen und Überzeugungen nach, die Ihnen früher gute Dienste geleistet haben, inzwischen aber veraltet sind. Vielleicht halten Sie unbewusst immer noch an Dingen fest, die Sie nicht mehr brauchen. Haben Sie Respekt vor diesen alten Überzeugungen – denn wie ein Fahrzeug haben sie Sie an den jetzigen Punkt Ihrer Reise gebracht. Wenn Sie alles loslassen, was Ihnen nicht mehr dient, sollten Sie darauf achten, wo Verleugnung auftaucht. Entwickeln Sie sich bewusst zu einem klarer denkenden, authentischeren Menschen und freuen Sie sich darüber! Beobachten Sie, wie viel Energie diese Übung in Ihnen freisetzt – Energie, die Sie dazu nutzen können, noch mehr von Ihrer authentischen Echtheit ans Tageslicht zu bringen.

Denken Sie in diesem Monat über die Worte von Mahatma Gandhi und über die Risiken nach, zu denen er bei seinen Experimenten mit der Wahrheit bereit war. Wie weit geht Ihre Bereitschaft, für die Siege der Wahrheit Risiken auf sich zu nehmen?

ASTEYA

Warum solltest du dein eigenes Leben um etwas berauben, indem du dir deinen eigenen Willen stiehlst? Sei stattdessen lieber still und liebe Gott.

– Catharine Larsen

अस्तेय

Kapitel 4
Asteya: Nicht-Stehlen

Vor Kurzem war ich bei einer Hochzeit zu Gast und hatte Gelegenheit, mit dem Pfarrer zu sprechen, der den Gottesdienst abhielt. Um ein bisschen Konversation zu betreiben, fragte ich ihn, ob denn in all den vielen Jahren, in denen er Hunderte von Menschen getraut hat, schon einmal eine Hochzeit im letzten Moment abgebrochen worden sei. Daraufhin erzählte er mir folgende Geschichte:

Anscheinend hatte die Braut am Hochzeitstag erfahren, dass ihr Fast-Ehemann in der Nacht zuvor mit der Trauzeugin geschlafen hatte. Sie erzählte niemandem von dieser Entdeckung, sondern bereitete sich ganz normal auf die Hochzeit vor und trat vor den Traualtar. Auch der Gottesdienst verlief normal – bis zu der Stelle in der Zeremonie, an der der Pfarrer fragte, ob es jemanden gebe, der Einwände gegen diese Ehe vorzubringen habe. Da ergriff die Braut das Wort und sagte: „Ja, ich habe einen Einwand. Ich kann nicht guten Gewissens einen Mann heiraten, der uns mit seinem Verhalten gestern Nacht unsere gemeinsame Zukunft gestohlen hat.“ Dann verließ sie die Kirche und ließ einen fassungslos vor dem Altar stehenden Bräutigam und eine schweigende Menschenmenge in den Kirchenbänken zurück.

> Das dritte Juwel, *Asteya* oder Nicht-Stehlen, fordert uns dazu auf, unser Leben in einer Haltung der Integrität und des wechselseitigen Gebens und Nehmens zu führen.

Genau wie die Braut in der obigen Geschichte fordert uns das dritte Juwel, *Asteya* oder Nicht-Stehlen, dazu auf, unser Leben in einer Haltung der Integrität und des wechselseitigen Gebens und Nehmens zu führen. Wenn wir in einem Gespinst aus Ängsten und Lügen leben, sind wir so unzufrieden mit uns selbst und unserem Leben, dass wir unseren Blick unwillkürlich nach außen richten. Dann geraten wir in Versuchung, zu stehlen, was uns nicht rechtmäßig gehört. Wir bestehlen andere Menschen, die Erde, die Zukunft und uns selbst. Wir nehmen uns die Möglichkeit, zu einem Menschen zu werden, der ein Recht darauf hat, das Leben zu führen, das er sich wünscht.

Wir bestehlen andere Menschen

Wenn wir unseren Blick nach außen richten, sind wir versucht, uns mit anderen Menschen zu vergleichen und unsere Energie auf ungesunde Art und Weise in ihr Leben hineinzuprojizieren. Und wenn wir uns mit anderen

Menschen vergleichen, empfinden wir uns entweder als unzulänglich (dann fühlen wir uns betrogen) oder als überlegen (das führt zu Arroganz). Diese Konzentration auf unsere Mitmenschen, zu der die Unzufriedenheit mit uns selbst uns verleitet, kann dazu führen, dass wir stellvertretend durch andere Menschen leben oder versuchen, sie zu beherrschen, zu manipulieren oder ihr Leben zu organisieren, um unserem eigenen schwachen Selbstwertgefühl Auftrieb zu geben. Vielleicht ertappen wir uns dann bei dem Versuch, ihre Geschichten, Erfolge und Erlebnisse mit unserer eigenen, noch viel großartigeren Geschichte zu „übertrumpfen“ in dem Versuch, zufriedener mit uns selbst zu sein.

Wenn wir uns mit anderen Menschen vergleichen, empfinden wir uns entweder als unzulänglich (dann fühlen wir uns betrogen) oder als überlegen (das führt zu Arroganz).

Vielleicht schwärmt uns jemand ganz begeistert von einer bevorstehenden Reise vor. Daraufhin trumpfen wir sofort mit einer noch viel exotischeren Reise auf, die wir geplant haben, oder sagen, dass wir schon dort gewesen sind, wo er hinwill. Wie auch immer – auf jeden Fall dreht sich das Gespräch dann nur noch um uns selbst und unsere Reise, und wir haben unserem Gesprächspartner die Begeisterung über seine eigene Reise gestohlen. Genauso gehen wir auch mit den Erfolgen anderer Menschen und manchmal sogar mit ihren Trauerfällen um. Wenn zum Beispiel die Mutter von jemandem gestorben ist und wir das Gespräch daraufhin auf unsere Geschichte vom Verlust *unserer* Mutter lenken, machen wir die Situation zu unserer eigenen, statt für den anderen Menschen da zu sein.

Oder wir bestehlen unsere Mitmenschen, indem wir ihnen keine Aufmerksamkeit schenken oder sie abwerten. In all diesen Fällen haben wir dafür gesorgt, dass es in der betreffenden Situation nicht um den anderen Menschen, sondern um *uns* geht. Was auch immer wir gesagt oder nicht gesagt haben – wir wollten damit uns selbst dienen und nicht dem anderen. Wenn wir mit uns oder unserem Leben unzufrieden sind, neigen wir dazu, andere Menschen mit herunterzuziehen oder abfällige Bemerkungen über sie zu machen, die von Eifersucht herrühren. Wenn wir uns dagegen aufrichtig um unsere Mitmenschen kümmern, drückt sich diese Fürsorge auf eine Art und Weise aus, die der andere als liebevolle Unterstützung empfindet.

Während einer Ausbildung bei Yogi Bhajan schärfte er mir immer wieder ein: „Sei ein Gabelstapler; du solltest die Menschen immer emporheben." Die Frage, die wir uns bei unseren Begegnungen mit anderen Menschen stellen können, lautet: Fühlt sich der andere Mensch leichter und innerlich aufgebaut, nachdem er mit uns zusammen gewesen ist, oder hat er das Gefühl, dass ihm etwas Wertvolles genommen wurde? Haben wir seinen Tag ein bisschen schöner gemacht, indem wir uns einen Augenblick Zeit genommen haben, ihm zuzuhören, ihm ein ehrliches Kompliment zu machen oder ihn einfach nur anzulächeln?

Wir bestehlen die Erde

Wir berauben aber nicht nur andere Menschen, sondern auch die Erde, und vergessen dabei, dass wir Geist in einem menschlichen Körper sind. Wir sind nur Gäste in der Welt der menschlichen Erfahrung, und zwar im wahrsten Sinn des Wortes. Sie würden sich ja schließlich auch nicht von einem Freund zum Abendessen einladen lassen und sich dann über das Essen beschweren, Ihre Abfälle in seiner Wohnung liegen lassen und zum Schluss auch noch die Kerzenhalter mitnehmen, weil sie Ihnen so gut gefallen haben. Und doch behandeln wir unsere Welt oft so.

Wir sind Gäste in diesem Land, in unserem Körper, in unserem Geist. Um uns diese Realität richtig bewusst zu machen, müssen wir akzeptieren, dass nichts auf dieser physischen Ebene uns gehört oder gehören kann. Dann wird es zu einer Form des Stehlens, etwas zu „besitzen". Wir verwenden die Begriffe „ich" und „mein" fast in jedem Satz – mein Haus, mein Auto, meine Kleidung, meine Kinder. Wir sagen sogar: „Ich hatte einen platten Reifen." Dinge zu besitzen, ist tief in unserer Sprache und Kultur verwurzelt; deshalb fällt es uns schwer, uns bewusst zu machen, dass uns nichts wirklich gehört. Die Verhaltensregel des Nicht-Stehlens fordert uns dazu auf, alles, was sich in unserem Besitz befindet, als etwas Kostbares zu betrachten, das uns nur geliehen

> Stellen Sie sich vor, was passieren würde, wenn wir jedes Mal auch etwas zurückgeben würden, wenn wir etwas nehmen.

wurde. Und für die Zeit, in der wir es leihweise behalten dürfen, sollten wir gut damit umgehen.

Auf unserer Welt klafft eine immer größere Lücke zwischen denjenigen, die etwas haben, und denen, die nichts haben. Es wäre lächerlich zu glauben, dass die Dinge auf dieser Erde gleichmäßig verteilt sein könnten oder sollten; denn wenn Kinder hungern und alte Menschen obdachlos umherirren, stimmt etwas nicht. Der Theologe Walter Brueggemann schreibt, dass der Reichtum der Erde nicht für den Einzelnen, sondern für die Gemeinschaft bestimmt ist. Ich frage mich oft, wie die Welt aussehen würde, wenn wir diese tiefgründige Aussage verstehen und so leben würden, als ob alles, was wir in diesem Augenblick als „meins" betrachten, zum Wohl der Gemeinschaft verwendet werden könnte.

Nicht-Stehlen bedeutet mehr, als einfach nur nichts zu nehmen, was uns nicht gehört. Es ist ein tief in unserem Inneren verwurzeltes Gefühl dafür, dass wir von Geburt an in der Schuld dieses Geschenks namens Leben stehen. In den alten vedischen Schriften heißt es, dass man nichts nehmen sollte, ohne etwas zurückzugeben. Stellen Sie sich vor, was passieren würde, wenn wir jedes Mal auch etwas zurückgeben würden, wenn wir etwas nehmen! Ich glaube nicht, dass die vedischen Schriften dabei von Abfall gesprochen haben. Sie sprachen von einem tief verwurzelten Gefühl für das Gesetz des Gebens und Nehmens.

Wir bestehlen die Zukunft

Aber wir berauben nicht nur die Erde, sondern auch die Zukunft und unsere Kinder und Kindeskinder, und zwar in einem solchen Ausmaß, dass es sich oft so anfühlt, als säßen wir in einem rasenden Zug, der keine Bremsen hat und aus dem man nicht aussteigen kann. Und doch bleiben wir unersättlich – ein kollektives Riesenloch, das sich anscheinend niemals füllen lässt. Der Überfluss in unseren Körpern, unseren Terminkalendern, unseren Schränken – all das sind Anzeichen dafür, dass wir so leben, als gäbe es kein Morgen und als würde niemand mehr auf der Erde leben, wenn wir eines Tages nicht mehr da sind.

Wir haben unseren Sinn für Dankbarkeit verloren. Es ist, als wären wir zu einem wunderschönen Wochenende bei einem Freund eingeladen worden, wo wir leckeres Essen und wunderbare Unterhaltung genossen haben, nur um dann wieder zu gehen – ohne eine Spur von Dankbarkeit zu zeigen. Wir scheinen unser Augenmerk immer nur auf das zu richten, was wir nicht haben oder vielleicht irgendwann in Zukunft nicht haben werden, statt uns auf die Fülle zu konzentrieren, die direkt vor uns liegt.

Wenn wir lange genug innehalten, um auf das zu schauen, was vor uns liegt – um das Geheimnis der Schönheit und das Wunder der Jahreszeiten tief in unsere Seele eindringen zu lassen –, können unsere Herzen gar nicht anders, als eine tiefe Dankbarkeit dem Leben gegenüber zu empfinden. Zu diesem Staunen gehört auch die Dankbarkeit dafür, woher unser Leben kommt, und unsere Verpflichtung gegenüber der Zukunft. Das erinnert mich an den weisen Spruch der amerikanischen Ureinwohner, man solle bei all seinen Entscheidungen bedenken, wie sie sich bis in die siebte zukünftige Generation hinein auswirken werden.

Vor Kurzem habe ich das Theaterstück *Handing Down the Names* von Steven Dietz gesehen. Es ist die Geschichte von zweihundert Jahren deutscher Vorfahren, beginnend mit denjenigen, die Deutschland verließen, um sich als Bauern in Russland am Ufer der Wolga niederzulassen, und denen, die schließlich nach Amerika auswanderten. Diese Geschichte ist sehr tiefgründig in der Art, wie sie die Stärke eines Volkes und seine Liebe und Hoffnung für zukünftige Generationen aufzeigt. Oder wie Dietz sagt: „Meine Vorfahren pflückten generationenlang Zuckerrüben, damit ich jetzt, im Jahr 1995, Worte pflücken kann, Geschichten erzählen."

Nach diesem Stück war ich innerlich sehr aufgewühlt. Meine Vorfahren haben so vieles für mich geopfert. Sie haben Entbehrungen ertragen, die mein Vorstellungsvermögen übersteigen – und das alles nur mit dem Gedanken an die kommenden Generationen. Sie gaben buchstäblich ihr Leben dafür hin, etwas Schönes auf der Erde zu schaffen und dafür zu sorgen, dass irgendwann einmal bessere Zeiten kommen. In diesem Augenblick wurde mir bewusst, dass mein Leben auf einem Fundament unvorstellbarer Liebe beruht. Die Erinnerung an unsere Vorfahren und an das Ge-

> Aus ihrer Sicht erben meine junge Enkelin und ihre Freunde ein riesiges Chaos, das sich fast unüberwindbar anfühlt.

heimnis, das uns in dieses Leben gebracht hat, ist ein guter Weg, um ein besseres Gefühl für die Heiligkeit unseres eigenen Lebens und die Heiligkeit der Leben zu entwickeln, die nach uns kommen werden. Es geht darum, uns selbst als Sachwalter in dieser Linie früherer und zukünftiger Existenzen zu sehen – unser Leben auf die Menschen auszurichten, die nach uns kommen werden.

Diese lange Abstammungslinie wurde mir gestern Abend bewusst, als ich bis in die frühen Morgenstunden hinein eine Diskussion mit meiner Enkelin führte, die jetzt im Teenageralter ist. In unserem Gespräch schilderte sie mir aus ihrer Sicht, was ihr bevorsteht. Aus der Perspektive meiner Enkelin und ihrer Freunde erben diese jungen Menschen ein riesiges Chaos, das ihnen fast unüberwindbar vorkommt. Im Chemieunterricht hatten sie die Möglichkeiten nuklearer Zerstörung, die lange Haltbarkeit von Nuklearmaterial und die Probleme bei der Entsorgung von Atommüll behandelt. Im nächsten Fach sprachen sie über die Angst der Welt vor unserem Land und den Hass, den andere Nationen uns entgegenbringen. In wieder einem anderen Fach ging es um die schwierigen Entscheidungen, die sie im Hinblick auf die Genforschung treffen müssen. Irgendwann konnte ich nur noch den Kopf schütteln und sagen: „Es tut mir so leid; dein Leben sollte nicht so sein.“ Mein Herz war schwer.

Wir bestehlen uns selbst

Wir müssen uns Zeit nehmen, uns auszuruhen, nachzudenken, zu reflektieren.

Wir bestehlen nicht nur unsere Mitmenschen, die Erde und die Zukunft, sondern auch unser eigenes Leben. Mit all den Verhaltensweisen, in denen wir uns ein äußeres Bild unserer selbst aufzwingen, berauben wir uns der Entfaltung unserer Einmaligkeit. Mit allen Ansprüchen und Erwartungen, die wir an uns selbst stellen, berauben wir uns unserer eigenen Begeisterung. Selbstsabotage, fehlender Glaube an uns selbst, geringes Selbstwertgefühl, Werturteile, Kritik und Perfektionsstreben sind Formen der Selbstmisshandlung, mit denen wir unserer Vitalität die Grundlage entziehen. Auch durch unsere Neigung, in der Vergangenheit oder Zukunft zu leben, bestehlen wir uns selbst. Und dadurch, dass wir – echte oder imaginative – Zäune rund um unsere physischen Besitztümer oder geistigen Idealvorstellungen errichten, schaffen wir Barrieren, die uns an der vollen Entfaltung unseres eigenen Lebens hindern.

> Wir brauchen Zeit zum Ausruhen und Nachdenken und zur Versenkung in uns selbst.

Wir sind in einer Kultur gefangen, in der unsere ganze Identität an unsere Leistungen geknüpft ist. Wir tragen alles, was wir zu erledigen haben, wie ein Abzeichen auf unserem T-Shirt vor uns her, damit es nur ja alle sehen. Aufgrund dieser Eile, so schnell wie möglich zum nächsten Punkt auf unserer Erledigungsliste zu kommen, haben wir gar keine Zeit mehr für uns selbst, keine Zeit, unser Leben richtig zu verarbeiten – und das ist vielleicht der schlimmste Diebstahl, den wir begehen. Wir brauchen Zeit, um mit uns selbst ins Reine zu kommen. Wir brauchen Zeit, um die Erfahrungen unseres Lebens zu verdauen und zu ordnen. Wir brauchen Zeit zum Ausruhen und Nachdenken und zur Versenkung in uns selbst.

Mir ist dieses Bedürfnis erst vor ein paar Jahren richtig zum Bewusstsein gekommen, als ich nur noch auf der Überholspur lebte. Nachdem ich drei Jahre lang in atemberaubendem Tempo gearbeitet und mich dabei völlig aufgerieben hatte, wachte ich eines Morgens auf und stellte fest, dass ich keinen Zugriff auf die Erfahrungen meines Lebens mehr hatte. Das war eines der seltsamsten Gefühle, die ich je gehabt hatte. Ich kann es nicht anders beschreiben – ich kann nur sagen, dass ich mich an keines meiner bisherigen Erlebnisse mehr erinnern konnte. Ich wusste nicht mehr, wo ich gewesen war und was ich getan hatte. All das war einfach zu viel für mein System gewesen: Es war überlastet und schaltete sich ab. Es versagte mir seinen Dienst. Ich hatte mir in diesen drei Jahren noch nicht einmal ansatzweise Zeit genommen, nachzudenken oder Erfahrungen zu verarbeiten und einzuordnen; ich ging einfach mit Volldampf weiter zum nächsten Punkt auf meiner Liste. Und da ich mir keine Zeit genommen hatte, innezuhalten und meine Erlebnisse zu einem Teil meiner selbst werden zu lassen, konnte ich sie auch nicht im Gedächtnis behalten – sie waren einfach weg. Ich hatte mir einen Teil meines Lebens gestohlen.

Unseren Blick neu ausrichten

Wenn kleine Kinder ein bestimmtes Alter erreichen, wollen sie immer genau das haben, was jemand anderes in ihrer Umgebung hat. Egal, was es ist: Sie wollen es auch. Und wenn man sich die Zustände auf unserer Welt so anschaut, sind viele Erwachsene anscheinend immer noch in diesem Kleinkindstadium gefangen: Sie wollen alles, was jemand anderes hat. Die Verhaltensregel *Asteya* (Nicht-Stehlen) fordert uns dazu auf, unseren Blick von unseren Mitmenschen weg auf uns selbst zu richten – und uns so für die Möglichkeiten unseres eigenen Lebens zu begeistern. Wenn wir uns um Lernprozesse und um inneres Wachstum auf unseren eigenen Interessengebieten bemühen, sind wir voll und ganz mit der Freude und Herausforderung beschäftigt, die darin liegt, uns selbst aufzubauen. Und aus der Fülle unserer eigenen Fähigkeiten und Begabungen heraus dienen wir der Welt dann automatisch, anstatt sie zu bestehlen. Diesen Perspektivenwechsel möchte ich Ihnen anhand von folgendem Beispiel veranschaulichen:

> Wenn wir uns mit der Freude und Herausforderung beschäftigen, uns selbst aufzubauen, dienen wir der Welt automatisch, statt sie zu bestehlen.

In Indien werden bei großen Festen Elefanten durch die engen Straßen geführt – voller Stolz in Seide und Schmuck gekleidet –, und jeder Elefant trägt das Abbild einer Gottheit auf dem Rücken. An den Wegrändern gibt es viele Stände, wo köstliche Leckereien und glitzernder Schmuck feilgeboten werden. Die Elefanten – von Natur aus neugierig und verspielt – können gar nicht anders, als ihre Rüssel hin und her zu schwingen, um all dieses Geglitzer und diese Köstlichkeiten zu ergattern. Das führt schnell zu Chaos und Zerstörung. Doch irgendwann sind die Elefantenführer, die das abenteuerlustige Wesen ihrer Tiere kennen, auf eine raffinierte Idee gekommen: Sie bringen ihnen bei, ihre Rüssel um einen Bambusspross zu wickeln. Jetzt marschieren die Elefanten mit ihren Bambussprossen die Straße entlang, und die Parade läuft reibungslos ab.

Wir sind diesen Elefanten gar nicht so unähnlich. Wenn wir nicht wissen, was wir wollen, oder nicht den Mut haben, unsere Ziele zu verfolgen, erscheint uns alles, was andere Menschen tun, verlockend. Wir beginnen nach den Besitztümern und Errungenschaften unserer Mitmenschen zu gieren, lassen uns durch das, was sie haben, von unseren eigenen Träumen und unserer eigenen Realität ablenken. Wenn wir uns stattdessen auf unsere eigenen Träume konzentrieren, können wir mit Würde vorwärtsgehen – genauso wie die Elefanten, die ihre Bambussprossen umklammert halten und sich von all dem Geglitzer am Wegrand nicht beirren lassen. Indem wir uns an unserem „Bambusspross" festhalten, können wir anfangen, Kompetenz aufzubauen und die inneren Bedingungen zu schaffen, die wir brauchen, um unsere Ziele zu erreichen.

Kompetenz aufbauen

Mein Mann erzählte mir einmal, wie er alle vier Jahre förmlich vor dem Fernseher festklebte, um sich die Olympischen Spiele anzusehen. Dort saß er Stunde um Stunde zusammengesunken in seinem Fernsehsessel – mit Mayonnaise auf seinem nackten Bauch, der hervorquoll, weil er mehr gegessen hatte, als sein Körper brauchte – und redete sich ein, dass er bei den nächsten Olympischen Spielen auch dabei sein und die USA als fitter, leistungsfähiger Sportler vertreten würde. Doch als dann die nächste Olympiade kam, saß er immer noch in seinem Fernsehsessel und war nach wie vor bloß ein Zuschauer dessen, was er eigentlich gern selbst erreichen wollte.

Das Sanskrit-Wort *Adhikara* steht für das Recht, etwas zu wissen oder zu besitzen. Dieses Wort konfrontiert uns mit der Realität, dass wir, wenn wir uns etwas wünschen, die dazu notwendige Kompetenz entwickeln sollten. Genau wie in der obigen Geschichte können wir träumen und wünschen, soviel wir wollen – aber wir bekommen das, was wir uns ersehnen, nur dann, wenn wir auch kompetent genug sind, um es zu besitzen und zu behalten. Alles andere ist Diebstahl.

Denken Sie zum Beispiel an all die Menschen, die viel Geld im Lotto gewinnen und innerhalb eines Jahres wieder pleite sind. Oder an die Unternehmenschefs, die ihre Firma in den Ruin treiben, weil sie nicht die nötige Kompetenz besitzen, um ein großes Unternehmen zu führen. Auch das ist Diebstahl: Diese Menschen versuchen sich etwas anzueignen, was jenseits ihrer Kompetenz liegt. Was wir im Leben erreichen, entspricht nicht unbedingt immer unseren Wünschen oder Zielen, sondern unseren Fähigkeiten.

Zu dieser Kompetenz gehört auch die Fähigkeit, zu sehen, was direkt vor unserer Nase liegt. Früher redete ich mir immer ein, dass ich hart gearbeitet und gebetet, aber eigentlich trotzdem nie das bekommen hatte, wonach ich strebte. Wenn ich jetzt auf die Vergangenheit zurückblicke, verstehe ich, woran das lag: Ich war nicht kompetent genug, um zu sehen, dass das, wofür ich gearbeitet und worum ich gebetet hatte, direkt vor meinen Augen lag. Deshalb konnte ich auch nicht danach greifen – oft sah ich es nicht einmal!

Ein Sieb ist ein hervorragendes Beispiel für diese Verhaltensregel des *Adhikara*. Wir können noch so ernsthaft nach etwas streben – wenn wir voller Löcher sind wie ein Sieb, wird uns das, was wir uns wünschen, doch immer wieder entgehen. *Adhikara* aufzubauen bedeutet unsere Löcher zu stopfen, indem wir unsere Kompetenz auf dem Gebiet erweitern, auf dem wir etwas erreichen wollen. Und diese Kompetenz baut man durch Üben und Lernen auf.

Die Vorbereitung darauf, das Ziel unserer Wünsche zu erlangen und das Erreichte dann auch zu bewahren, ist ein spannender Vollzeitjob. Dabei verabschieden wir uns von allen Opfergeschichten, die wir uns bisher über uns selbst erzählt haben, und übernehmen die volle Verantwortung für unser Leben. Wie oft wünschen wir uns mehr Geld, obwohl wir gar nicht wissen, was wir damit anfangen sollen, wenn es in unsere Hände gelangt – zumindest nichts Sinnvolles! Die Verhaltensregel des *Asteya* oder Nicht-Stehlens verlangt uns die Fähigkeit ab, gute Sachwalter dessen zu sein, was wir uns erbitten. Lernen Sie etwas über Geld und Investitionen; gehen Sie geschickt mit dem Geld um, das Sie bereits haben; seien Sie vorbereitet; seien Sie großzügig; bauen Sie das nötige *Adhikara* für die Erfüllung Ihrer Wünsche auf.

Vielleicht haben Sie den reizenden Film *My Big Fat Greek Wedding – Hochzeit auf griechisch* gesehen. Die Drehbuchautorin Nia Vardalos war eine ziemlich erfolglose Comedy-Künstlerin, die bei ihren Shows immer wieder Geschichten über ihre griechische Herkunft und ihren nicht-griechischen Ehemann erzählte. Rita Wilson, die Frau von Tom Hanks, sah einen ihrer Auftritte, war ganz begeistert davon und dachte, dass man aus dieser Geschichte doch eigentlich einen fantastischen Film machen könnte. Und Nia Vardalos war vorbereitet! Sie hatte bereits das Drehbuch für einen Film geschrieben. „Rita Wilson ist selbst Griechin. Sie kam zu meiner Show und sagte mir, dass man daraus einen Film machen sollte", erzählte Nia, „und ich gab ihr das Drehbuch. Daraufhin schickte sie ihren Mann Tom Hanks in meine Show. Hinterher rief er mich an und sagte: ‚Wir werden Ihren Film machen, und Sie werden die Hauptrolle darin spielen.'" Auch dazu war Nia Vardalos bereit.

Wenn wir nicht darauf vorbereitet sind, das Ziel unserer größten Wünsche zu erreichen, ertappen wir uns oft bei allen möglichen unangemessenen und destruktiven Diebstählen. Die Verhaltensregel des Nicht-Stehlens lädt uns dazu ein, uns auf unsere eigenen Wünsche zu konzentrieren und dann die nötige Kompetenz für deren Verwirklichung aufzubauen. Sie stellt uns eine Frage, über die wir alle nachdenken sollten: „Stehst du für die Erfüllung deiner Wünsche zur Verfügung?“ Sie öffnet uns die Tür, durch die wir gehen müssen, um uns Mentoren zu suchen und von Menschen zu lernen, die das, wonach wir streben, bereits erreicht haben; und sie öffnet uns auch die Tür zur Freude am Erlernen neuer Fähigkeiten. Wir können jemanden finden, der fähiger und versierter (und vielleicht sogar radikaler) ist als wir – jemanden, der uns beibringt, wie wir die Löcher unserer eigenen Inkompetenz stopfen können. Und um diese Menschen nicht zu bestehlen, können wir sie anschließend fair entlohnen.

Als ich merkte, dass ich irgendwann vergessen hatte, wie man spielt, engagierte ich meine Enkelin, die im Teenageralter ist, als Spiel-Trainerin. Ihr machte es Spaß, Szenarien für unsere Spiele zu entwerfen und mir Spielaufgaben zu stellen, die ich lösen musste (und dafür als Coach ihrer Oma bezahlt zu werden); und mir selbst eröffnete das eine neue Welt voller Spaß und Abenteuer und vertiefte ganz nebenbei auch meine Beziehung zu meiner Enkelin.

In dem Roman *Das Ultimative Geschenk* von Jim Stovall lernen wir einen Selfmade-Milliardär namens Red kennen, der nicht mehr lange zu leben hat. Während er überlegt, an wen er seine Firmen, Investitionen und sonstigen Vermögenswerte vererben soll, geht er in Gedanken seine Familienmitglieder durch und sieht überall nur Egoismus und Habgier. Das Geld hat seiner Familie das Leben so leicht gemacht, dass sie nun hoffnungslos verwöhnt ist. Red beschließt, seinen Fehler wiedergutzumachen – und zwar bei seinem einzigen Enkel. Die Geschichte kommt in Gang, als Reds letzter Wille vor einer erwartungsvoll versammelten Familie verlesen wird, deren Mitglieder dann einer nach dem anderen wieder gehen – außer sich vor

Wut über die Verfügung in dem Testament. Dem Enkel Jason jedoch hinterlässt Red zwölf Aufgaben, die er erfüllen muss, um sein Erbe in Empfang nehmen zu dürfen, dessen Geldwert niemand kennt. Aufgabe für Aufgabe lernt Jason – zunächst widerwillig – wichtige Lektionen über den Wert von Arbeit, Freundschaft, Dienst an der Allgemeinheit usw., bis er schließlich ein ganz neuer Mensch wird: Statt eines verwöhnten Treuhandfonds-Babys ist Jason nun eine kompetente, mitfühlende und erfahrene Führungspersönlichkeit, die bereit ist, Millionen für Menschen und Projekte zu spenden, um etwas auf der Welt zu bewirken. Mehr will ich an dieser Stelle nicht verraten, denn vielleicht kennen Sie die Geschichte ja noch nicht und möchten sie gern lesen. Nur so viel: Wenn wir schließlich den Geldwert von Jasons Erbe erfahren, spielt diese Zahl gar keine Rolle mehr – weder für Jason noch für uns.

In der oben beschriebenen Geschichte war der Großvater so weitsichtig, seinem Enkel Schritt-für-Schritt-Aufgaben zu geben, die ihn (wenn er sie bewältigt) zu einem Menschen machen, der kompetent genug ist, um mit Investitionen im Wert von einer Milliarde Dollar richtig umzugehen. Meiner Meinung nach ist das Leben genauso wie dieses Testament: Es gibt uns Aufgaben, an denen wir innerlich wachsen und zu Menschen werden, denen das Leben wichtige Dinge anvertrauen kann. Und genau wie Jason empfinden auch wir diese Aufgaben oft als Last und nicht als Chance, mehr Mitgefühl zu entwickeln und mehr Fähigkeiten zu erwerben. Der Großvater wusste, dass es uns letztendlich nicht befriedigt, möglichst viele materielle Dinge anzusammeln, sondern dass es auf innere Werte und Kompetenz ankommt. Die Verhaltensregel des Nicht-Stehlens fordert uns dazu auf, Kompetenz für das Leben zu entwickeln.

Während Stehlen uns und anderen Menschen Schmerz und Kummer bereitet, erschließt der Aufbau unserer Kompetenz uns eine Welt der Freude und unzähliger Möglichkeiten. Wir sollten unsere Aufmerksamkeit vom Stehlen abwenden und uns stattdessen lieber der lebenslangen Aufgabe widmen, zu wertvollen Menschen zu werden. Der Weg dorthin ist ein großes Abenteuer.

Fragen zur Selbsterforschung

Wenn Sie sich von diesen Fragen durchs Leben begleiten lassen, sich Zeit zum Nachdenken nehmen und Tagebuch führen, werden Sie neue Einsichten in Ihr Leben und in die Praxis des Nicht-Stehlens gewinnen. Wählen Sie als Basis für Ihre Selbsterforschung in diesem Monat folgende Aussage von Albert Einstein:

> Ich halte mir Tag für Tag
> hundertmal vor Augen,
> dass sich mein Tun und Trachten
> auf die Arbeit anderer Menschen,
> lebender und toter,
> stützt und dass ich mich
> sehr anstrengen muss,
> um genauso viel zu geben,
> wie ich empfangen habe.

Woche 1: Achten Sie in dieser Woche darauf, wann und wie Sie Ihre Mitmenschen berauben – zum Beispiel, indem Sie ihnen Zeit, Aufmerksamkeit oder Selbstvertrauen stehlen, sie „übertrumpfen" oder Macht über sie ausüben wollen und sich nicht über ihre Erfolge freuen können. Achten Sie darauf, was für Gedanken und Gefühle dieses Stehlen in Ihnen weckt; und dann üben Sie, ein „Gabelstapler" zu sein, damit jeder Mensch, der mit Ihnen in Kontakt kommt, sich durch diese Begegnung innerlich aufgebaut fühlt.

Woche 2: Achten Sie in dieser Woche darauf, inwiefern Sie die Erde und die Zukunft bestehlen. In welchen Bereichen nehmen Sie, ohne etwas von mindestens gleichem Wert zurückzugeben? Leben Sie diese Woche im Gedanken an die Zukunft und in einem Verhältnis des Gebens und Nehmens mit der Erde.

Woche 3: Seien Sie in dieser Woche nicht als Besitzer, sondern als Gast auf dieser Welt. Achten Sie darauf, wie viel Ihnen hier zur Verfügung steht, was Sie nutzen und genießen können, ohne es besitzen zu müssen (zum Beispiel Parks, Bibliotheken, Konzerte, Sonnenuntergänge usw.).

Woche 4: Denken Sie in dieser Woche über Ihre Träume und Ziele nach und erstellen Sie eine Liste von Dingen, die Sie tun/studieren/ausprobieren sollten, um *Adhikara* aufzubauen – Ihr Wissen und Ihre Kompetenz zu erweitern und Ihrem Ziel näher zu kommen.

Denken Sie in diesem Monat über die Worte von Albert Einstein nach und leben Sie in einer Haltung der Dankbarkeit für alles, was Ihnen gegeben wurde. Halten Sie sich an das Prinzip des Gebens und Nehmens.

BRAHMACHARYA

In Dunkelheit und Schlamm
erblüht eine goldene Lotusblume –
Gottes Gnade wartet auf uns.

– *Catharine Larsen*

ब्रह्मचर्य

Kapitel 5

Brahmacharya: Mäßigung

In meiner Kindheit gab es einen Werbespot, an den ich mich auch heute noch lebhaft erinnere. In diesem Spot hatte ein sehr unglücklicher Mann gerade zu viel Essen in sich hineingestopft. Von Trägheit, Blähungen und Völlegefühl geplagt, sagt er kläglich: „Ich kann gar nicht glauben, dass ich das alles gegessen habe.“ Vielleicht erinnere ich mich deshalb noch so gut an diesen Werbespot, weil auch ich schon öfters unter anhaltenden Nachwirkungen von Maßlosigkeit zu leiden hatte. Ich weiß aus Erfahrung, wie sehr ein zu voller Magen drückt, wie kaputt man sich fühlt, wenn man zu viel gearbeitet hat, und wie lethargisch man ist, wenn man zu viel geschlafen hat. Und wenn mir die Folgen dieses Übermaßes wie Bleigewichte an den Füßen hängen, ertappe ich mich immer wieder dabei, nicht fassen zu können, dass ich mir das wirklich angetan habe: „Ich kann gar nicht glauben, dass ich das alles gegessen habe." Und dann bleibt mir nichts anderes übrig, als zu leiden und mir bewusst zu machen, wie meine Maßlosigkeit mir die Freude am jetzigen Augenblick verdirbt.

Egal ob wir es mit dem Essen, der Arbeit, dem Sport oder dem Schlaf übertreiben – Maßlosigkeit rührt oft daher, dass wir die Heiligkeit des Lebens vergessen. Das vierte Juwel, *Brahmacharya*, bedeutet wörtlich „mit Gott gehen" und möchte uns bewusst machen, dass das ganze Leben heilig ist. Diese Verhaltensregel ruft uns dazu auf, Habgier und Exzesse hinter uns zu lassen und mit Staunen und Ehrfurcht durch die Welt zu gehen, indem wir uns mäßigen und jeden Augenblick als etwas Heiliges betrachten.

Brahmacharya wird oft als Zölibat oder Enthaltsamkeit interpretiert. Doch obwohl das sicherlich auch eine Form von *Brahmacharya* sein kann, bedeutet diese Verhaltensregel viel mehr. Aber sie ermahnt uns schon dazu, mit der Leidenschaft unserer Sexualität – genau wie mit unseren anderen Begierden – auf eine heilige, lebensspendende Weise umzugehen und es damit nicht zu übertreiben.

Vor Kurzem lernte ich auf einer Indienreise einen Mann namens Thakur kennen, der als erster Reiseveranstalter Trekking und andere Outdoor-Abenteuer in diese Region des Himalaya gebracht hatte. Thakur war ein erfolgreicher Geschäftsmann und führte ein Leben mit vielen Überstunden und all den anderen Zumutungen, die der Erfolg mit sich bringt. Aber er erzählte mir auch, dass er – trotz seines Reichtums – immer noch in dem Haus wohnte, das sein Vater am Rand seines Heimatdorfs gebaut hatte. Die Tür zu diesem Haus reichte ihm nur bis zur Brust, sodass er beim Betreten den Kopf senken musste. Er erklärte mir, dass dieser einfache Akt des Verbeugens beim Betreten seines Hauses ihn an die Heiligkeit aller Dinge erinnere und dass er seine Abende und seinen Schlaf in einer Haltung des Friedens und der Leichtigkeit verbringe – bereit, die gleiche Heiligkeit am nächsten Tag in seine geschäftlichen Verhandlungen einzubringen.

Brahmacharya ist für uns so etwas Ähnliches wie dieser niedrige Hauseingang: Diese Verhaltensregel erinnert uns daran, jeden Tag und jede Handlung nicht mit Maßlosigkeit, sondern einem Gefühl der Heiligkeit anzugehen, damit wir unsere Tage im Wunder der Heiligkeit verbringen können, statt im Elend des Überflusses zu versinken.

> *Brahmacharya* erinnert uns daran, jeden Tag und jede Handlung nicht mit Maßlosigkeit, sondern einem Gefühl der Heiligkeit anzugehen.

Unsere Maßlosigkeit bezähmen

Die vielen Schuppen und Lagerhallen; die dekorativen Plastikbehälter, in denen die Waren auf unseren Supermarktregalen verpackt sind; die Statistiken über die Fettleibigkeit der Amerikaner und unsere überquellenden Müllberge – all das sind eindeutige Warnsignale dafür, dass wir eine Nation der Maßlosigkeit sind. Wir übertreiben es mit dem Sex, mit dem Essen, mit der Arbeit, mit dem Schlaf und der Unterhaltung. Wir haben zu viele materielle Besitztümer und oft betreiben wir auch unsere Spiritualität bis zum Exzess. Anscheinend sind wir weit davon entfernt zu begreifen, was „genug" bedeutet.

Im yogischen Denken gibt es einen Punkt, an dem die ideale Grenze dessen erreicht ist, womit wir uns gerade beschäftigen. Bei der Nahrungsaufnahme beziehen wir beispielsweise Energie und Vitalität aus unserem Essen – aber nur bis zu einem gewissen Punkt. Wenn wir über diesen Punkt hinaus weiteressen, versinken wir in einem Zustand der Lethargie. Wenn wir langsam genug essen und achtsam sind, können wir diesen Punkt spüren, der „gerade richtig" bedeutet. Diesen Augenblick des „Gerade genug" müssen wir erkennen. Sobald wir ihn überschreiten, beginnt der Abstieg in die Maßlosigkeit. Das gilt für alle unsere Aktivitäten.

Im yogischen Denken gibt es einen Punkt, an dem die ideale Grenze dessen erreicht ist, womit wir uns gerade beschäftigen. Diesen Augenblick des „Gerade genug" müssen wir erkennen.

Ich habe meine Enkelin Aryka einmal dabei beobachtet, wie sie dieses Prinzip des „Gerade genug" praktizierte. Sie hatte mich um ein Rührei gebeten, und ich bereitete es ihr genau so zu, wie sie es gerne mag. Sie verschlang das Gericht mit Heißhunger und lobte, wie lecker es sei. Dann verlangte sie nach mehr. Also machte ich ihr noch ein zweites Rührei, und der Vorgang wiederholte sich. Als sie um eine dritte Portion bat und ich ihr auch diese Bitte erfüllte, begann sie zunächst zu essen und gab genussvolle Kommentare dazu ab. Doch mitten im dritten Bissen rief sie plötzlich: „Oma, dieses Ei schmeckt furchtbar – irgendetwas stimmt damit nicht." Ich staunte darüber, wie achtsam sie war und wie genau sie spürte, dass das, was sie vorher so lecker gefunden hatte, nun plötzlich unangenehm schmeckte – weil sie genug davon gegessen hatte.

Warum überschreiten wir diese Grenze des Genug und stürzen uns in Exzesse? Dem yogischen Denken zufolge liegt das daran, dass unser Gehirn irgendwann anfängt, bestimmte emotionale Zustände mit bestimmten Nahrungsmitteln oder Aktivitäten zu assoziieren. Zum Beispiel gibt es einen Unterschied zwischen dem Bedürfnis unseres Körpers, seinen Durst zu stillen, und den extravaganten Dingen, die unser Gehirn mit diesem einfachen Wunsch anstellt. Ein Bedürfnis, das sich leicht mit einem Glas Wasser erfüllen ließe, wird auf den verschlungenen Wegen unserer Hirnwindungen mit Erinnerungen und Konditionierungen verknüpft, die mit emotionaler Befriedigung oder psychischen Problemen assoziiert sind. Und wenn ein einfaches körperliches Bedürfnis mit der Sehnsucht nach bestimmten Emotionen verknüpft wird, können wir in Schwierigkeiten geraten. Denn ohne es zu merken, haben wir dann eines Tages ein suchtähnliches Bedürfnis nach einer Wiederholung der mit dieser Sache einhergehenden Gefühle entwickelt.

> Warum überschreiten wir die Grenze des Genug und stürzen uns in Exzesse?

Meine Geschäftspartnerin Ann und ich machten eine Phase durch, in der wir fast täglich Chai tranken. Wir arbeiteten hart und hatten viel Spaß miteinander, und der Chai bedeutete für uns sowohl Belohnung als auch Genuss. Eigentlich hatten wir einfach nur das Bedürfnis danach, unseren Durst zu stillen; doch mit der Zeit assoziierten wir den Chai mit diesem Gefühl der Befriedigung und glaubten ihn zu brauchen, um uns wohlzufühlen. Und mit jedem Chai erwarteten wir, immer wieder die gleiche beiderseitige Freude an unserer Gesellschaft und die gleiche Befriedigung über die geleistete Arbeit zu spüren. Es ist nichts Verkehrtes daran, Chai zu trinken – ganz im Gegenteil: Es ist sogar sehr angenehm. Doch bald merkten wir, dass nicht *wir* den Chai tranken, sondern der Chai trank *uns*. Denn jetzt hatten wir nicht mehr nur das schlichte Bedürfnis, unseren Durst zu stillen, sondern waren süchtig geworden. Es ging nicht mehr nur darum, einen Chai zu genießen – unser Gehirn hatte das Bedürfnis nach einem Belohnungsgefühl entwickelt.

Um uns vom Netz unserer Maßlosigkeit zu befreien, müssen wir uns die Bedürfnisse unseres Körpers bewusst machen und lernen, diese physischen Bedürfnisse von den Geschichten zu trennen, die unser Gehirn uns darüber erzählt. Wenn uns zum Beispiel ein Gefühl der Traurigkeit überkommt, gaukelt unser Verstand uns vielleicht vor, dass wir irgendetwas tun oder essen müssen. Ich persönlich habe diese Erfahrung gemacht, als meine Mutter starb. Als sie noch lebte, hatte eine unserer Lieblingsbeschäftigungen darin bestanden, bis spät in die Nacht hinein aufzubleiben, uns einen Film anzuschauen und dabei Eis zu essen. Nach Mutters Tod ertappte ich mich dabei, dass ich plötzlich ein unwiderstehliches Bedürfnis nach nächtlichen Filmen und Eis entwickelte. Doch wenn ich dann in meinen Körper hineinhörte, wurde mir klar, dass ich in Wirklichkeit müde und satt war. Ich vermisste einfach nur meine Mutter und musste mich dieser Trauer stellen. Hätte ich mir stattdessen einen Film und ein Eis „reingezogen", so hätte mir das nichts weiter gebracht als einen müden Körper und einen zu vollen Magen. Und meine Mutter hätte ich dann trotzdem immer noch vermisst. Also musste ich das Verlangen, das mein Gehirn mir meldete, von den Bedürfnissen meines Körpers trennen und mir einfach erlauben zu weinen.

Wir sind auch deshalb auf der Welt, um Genuss und Vergnügen zu empfinden. Wenn wir uns in einem Zustand des Vergnügens und nicht der Sucht befinden, praktizieren wir *Brahmacharya*. Doch wenn wir den Geschichten gehorchen, die unser Gehirn uns einredet, und über die Grenzen körperlichen Wohlbefindens hinausgehen, sind wir in einer Sucht gefangen; dann leben wir nicht mehr im Einklang mit dieser Verhaltensregel. Mäßigung hat nichts damit zu tun, uns jeden Genuss zu versagen; dabei geht es vielmehr um die voll ausgelebte Erfahrung von Genuss und Vergnügen. Dazu sollten Sie sich folgende Fragen stellen: Essen Sie Ihr Essen, oder *isst Ihr Essen Sie*? Beschäftigen Sie sich mit einer bestimmten Aktivität,

> Wir müssen zwischen dem, was unserer Körper gerade braucht, und der Geschichte unterscheiden können, die unser Gehirn uns darüber erzählt.

oder *hat diese Aktivität Sie im Griff*? Können Sie etwas genießen, ohne dabei das vernünftige Maß zu überschreiten? Bei der Beantwortung dieser Fragen müssen wir zwischen dem, was unser Körper gerade braucht, und der Geschichte unterscheiden können, die unser Gehirn uns darüber erzählt. (Ich weiß nicht, wie es *Ihnen* geht – aber ich habe die Erfahrung gemacht, dass Zucker, Salz und Koffein mehr Geschichten und künstliche Verlangen in unserem Kopf erzeugen als Salat!) Außerdem müssen wir uns furchtlos unserer Traurigkeit, unserem Kummer und unseren Enttäuschungen stellen, ohne sie mit Essen oder Sex zu betäuben.

Als ich in Nicaragua war, hörte ich eine Rede des Innenministers über die Lage in seinem Land. Damals brachten viele Amerikaner ihren religiösen Glauben nach Nicaragua. Unter anderem versuchten sie die Nicaraguaner zu ihrem Glauben zu bekehren, indem sie bei ihren religiösen Zusammenkünften immer große Tische mit exotischen Gerichten aufstellten. Der Innenminister, der es vorzog, diese Veranstaltungen nicht zu besuchen, sagte dazu: „Wenn es den Organismen in meinem Bauch zu gut geht, kann ich nicht klar denken." Übermäßiger Genuss erstickt die Lebenskraft ebenso, wie zu viele Holzscheite in einem Kamin das Feuer zum Erlöschen bringen. Durch Mäßigung bewahren und ehren wir diese Lebenskraft in uns, sodass wir in einem Zustand innerer Klarheit und Heiligkeit leben können.

Wenn wir uns zu irgendeinem Zeitpunkt unseres Lebens in den Extremen der Sucht oder Maßlosigkeit wiederfinden, können Fasten und sexuelle oder sonstige Abstinenz uns den Reichtum des Genusses zurückbringen.

Fasten und sexuelle Enthaltsamkeit helfen uns, die Zügel anzuziehen, unsere Mitte zu finden und eine Lebensbilanz zu ziehen. Lebensphasen, in denen wir (entweder aufgrund eigener Krankheit oder einer Erkrankung unseres Partners) zum Fasten oder zur Abstinenz gezwungen sind, können tiefgehende Reinigungsprozesse sein. In solchen Zeiten können wir uns unserer Neigung zum Exzess bewusster werden und die Geschichten, die unser Gehirn uns darüber erzählt, besser durchschauen.

Mit Gott gehen

Brahmacharya ruft uns dazu auf, nicht im Exzess, sondern mit Gott zu leben. Diese Verhaltensregel lädt uns in die Heiligkeit allen Lebens ein: Wir sollen in all unseren Beziehungen unsere Beziehung zum Göttlichen und in all unseren Erfahrungen eine Erfahrung des Göttlichen sehen. Können Sie alles, was es gibt, als etwas Heiliges verehren? Können Sie sich selbst als heiliges Wesen ehren? Wenn wir einen Augenblick innehalten, wissen wir, dass gerade die einfachen Dinge unsere Seele bewegen und uns Glück schenken. Das Rauschen des Windes in den Bäumen, die Farben des Himmels, die Berührung eines geliebten Menschen, die Freude eines Kindes, ein Augenblick, den wir zusammen mit einem Freund erleben – all das kann uns mit überströmender Freude erfüllen. Und diese Freude macht uns bescheiden und verbindet uns mit der ganzen Welt – ganz im Gegensatz zur Übersättigung des Exzesses.

Wenn wir innehalten und über unser Leben oder über die Welt da draußen nachdenken, erkennen wir, dass allem eine Intelligenz innewohnt. Es ist, wie wenn ein wunderschöner Wandteppich gewebt wird und wir einer dieser bunten Fäden sind – geführt von einer Nadel, die in der Hand von etwas Größerem als uns selbst liegt. Mit diesem Weltenweber, der alle Fäden in der Hand hält, versuchen wir in Kontakt zu kommen. Wenn wir alles als Mysterium betrachten, beginnen wir das Heilige im Alltäglichen und das Alltägliche im Heiligen zu erkennen. Jede Aufgabe, die wir erfüllen, bietet uns eine Chance zu ehrfürchtigem Staunen. Wenn wir die Trennung zwischen dem, was in unseren Augen wichtig oder unwichtig ist, überwinden, fangen wir an, allen Menschen und Aufgaben Wertschätzung entgegenzubringen. Die Medien, die Kultur, ja, sogar unser eigenes Ego trennen alles voneinander und ordnen es fein säuberlich in verschiedene Schubladen ein. Unsere Aufgabe besteht darin, alles zusammenzubringen und wertzuschätzen, indem wir den Faden des Göttlichen darin erkennen.

Können Sie alles, was es gibt, als etwas Heiliges verehren? Können Sie sich selbst als heiliges Wesen ehren?

Wenn wir die Welt aus der Perspektive der Heiligkeit betrachten, verändert sich nicht nur unsere Sichtweise, sondern auch unser Handeln. Dann haben wir unwillkürlich das Bedürfnis, immer wieder in unserem Tun innezuhalten, dankbar zu sein und unser Herz in ehrfürchtigem Staunen zu öffnen. Mit Dankbarkeit und Staunen im Herzen hat man kein Bedürfnis nach Maßlosigkeit. Alles als heilig zu betrachten bringt Kontinuität in unser Leben, es erdet uns in der Zentriertheit. Maßlosigkeit überanstrengt und überfordert uns und führt uns von uns selbst weg; eine Sichtweise, die alles als heilig betrachtet, verankert uns fest im Leben und bringt uns ins Gleichgewicht.

Ich mache immer wieder die gleiche Erfahrung: Wenn dieses Gefühl ehrfürchtigen Staunens nachlässt – wenn mir alles langweilig und alltäglich erscheint –, liegt das daran, dass ich zu lange in zu schnellem Tempo durchs Leben gerast bin. Ich habe meine eigenen Grenzen überschritten und bin aus dem Gleichgewicht geraten. Dann ist es höchste Zeit, mich auszuruhen. Denn wenn ich ausgeruht bin, ist nichts mehr langweilig und alltäglich – alles ist von einem geheimnisvollen Leuchten durchdrungen. Doch egal, ob ich mein Leben dann einen Tag lang ein bisschen ruhiger angehen lasse oder ob ich mich allein in die Einsamkeit des Waldes flüchte – es fällt mir immer wieder schwer, mir diese Ruhe zu gönnen. Dafür gibt es Millionen von Gründen: Mein Ego hat gern das Gefühl, wichtig zu sein; und wenn ich mich ausruhe, kommt es sich nun mal nicht besonders wichtig vor. Außerdem missfällt meinem Ego der Gedanke, dass das Leben ohne mich weitergehen kann, und wenn auch nur für ein paar Stunden; ich bin gern immer da, wo die Action ist. Und nicht zuletzt gibt es in unserer

Wenn wir die Welt aus der Perspektive der Heiligkeit betrachten, verändert sich nicht nur unsere Sichtweise, sondern auch unser Handeln. Mit Dankbarkeit und Staunen im Herzen hat man kein Bedürfnis nach Maßlosigkeit.

heutigen Kultur der ständigen Aktivität natürlich auch immer jede Menge zu tun.

Und doch sehne ich mich danach, aus den Gewohnheiten unserer heutigen Technologien – aus der Reizüberflutung und den routinemäßigen Abläufen, die ich mir so bequem eingerichtet habe – auszusteigen. Ich sehne mich danach, von der Stille zu lernen und zu sehen, ob ich mit meiner Seele Schritt halte. Ich möchte mich der Reizüberflutung und dem Schwelgen in Genüssen entziehen – einfach einmal gar nichts tun und das mehr als genug sein lassen. Ausruhen regeneriert meinen Sinn für das Geheimnisvolle. Wenn ich mich diesem einfachen Akt des Ausruhens hingebe, können meine Augen wieder staunen, und Lieder der Dankbarkeit brechen aus meinem Herzen hervor.

Das Göttliche ist so großartig. Es webt sein Muster der Komplexität und Meisterschaft in unvorstellbarem Überfluss. Diese Großartigkeit verdient ein Publikum, das sie bestaunt und zu würdigen weiß. Ich glaube, wenn wir diese Verhaltensregel befolgen, werden wir zu Zuschauern Gottes; und vielleicht können wir unseren Tagesablauf dann sogar so verändern, dass wir mehr Zeit haben, einfach nur zu schauen und zu staunen. Vielleicht bringen wir dann mehr Rituale und einen gewissen Rhythmus in unser Leben hinein. Und vielleicht verschieben wir auch ein paar unserer Verpflichtungen, damit wir Zeit haben, das Geheimnisvolle, Heilige zu sehen und zu feiern, indem wir Kerzen anzünden, Gebete sprechen, Wanderungen machen, unsere Füße oder den Rücken eines geliebten Menschen massieren.

Zuschauer des göttlichen Mysteriums zu sein, bringt uns aus dem Takt unserer Uhren und versetzt uns in einen göttlichen Rhythmus. Diese Erfahrung der Rhythmusverschiebung habe ich bei einem einmonatigen Sabbatical in einer einsamen Hütte an einem See gemacht. Irgendwann in diesem Monat ergriff es mich: Ohne Uhr, die mir den nächsten Schritt diktierte – ohne meine üblichen Gewohnheiten, die jede Sekunde meines Lebens manipulierten –, wurde ich von einem universellen Rhythmus erfasst, den ich später „Gottes Herzschlag" nannte. Ich wanderte und fuhr Kajak, aß und schlief, las und schrieb und widmete mich meinen Yoga-Praktiken; doch das waren keine separaten Aktivitäten mehr, sondern mehr eine Art Rhythmus. Ich war wie eine Zelle im Herzen Gottes – sein Herzschlag trieb mich an. Tun und Nicht-Tun verschmolzen zu einem harmonischen Rhythmus.

In jenem Monat erfuhr ich, dass der Rhythmus des Mysteriums nichts mit den Anforderungen unserer Uhrzeit zu tun hat. Gottes Zeit ist für unseren begrenzten Verstand nicht logisch erklärbar; sie plant nicht und arbeitet auch keine Erledigungslisten ab; aber irgendwie wurde trotzdem der Abwasch erledigt und das Essen gekocht. Es geschah einfach von einer anderen Warte aus. Als ich weder Tag noch Uhrzeit noch Temperatur kannte, übernahm eine angeborene Intelligenz die Regie und setzte meinen nächsten Schritt in Gang. Ich bewegte mich, ohne mich zu bewegen, und alles, was ich sah, war Schönheit

> Wenn wir uns in die Praxis des „Gehens mit Gott" vertiefen, werden wir feststellen, dass der Exzess uns nicht mehr so stark beherrscht wie früher.

und Wunder. Ohne Planung verschmolzen Sein und Tun miteinander, bis sie sich genau gleich anfühlten. Es gab keinen Sinn und kein Ziel außer der reinen Freude am jetzigen Augenblick. Dem Herzschlag Gottes.

Als ich von meinem einmonatigen Sabbatical zurückkehrte, trug ich plötzlich wieder eine Uhr am Handgelenk und ein Smartphone in der Hand, mein Computer war dauernd im Standby-Modus – und ich dachte an den Vorwurf von Vimalananda, der einmal gesagt hat: „In diesem Land trägt man seinen Gott am Handgelenk." Die Verhaltensregel des *Brahmacharya* fragt uns, ob wir unsere technischen Geräte als Orientierungshilfe nutzen können, die uns durch die Anforderungen und Erwartungen der Gesellschaft hindurchnavigiert, ohne sie zu unseren Göttern zu machen. Oder können wir uns stattdessen im Rhythmus des Universums bewegen, so wie eine Zelle im Herzen des Mysteriums?

Ich habe viele Selbsthilfebücher gelesen, die mir auch sehr viel gebracht haben. Trotzdem ist es meiner Ansicht nach das Mysterium, das uns in ein tieferes Verständnis des Menschseins hineinführt. Wenn wir uns in die Praxis des „Gehens mit Gott" vertiefen, werden wir feststellen, dass der Exzess uns nicht mehr so stark beherrscht wie früher. Wenn wir die echte Nahrung erhalten, die das göttliche Geheimnis uns schenkt, wird die vorgetäuschte Nahrung der Maßlosigkeit immer uninteressanter für uns.

Was wäre, wenn wir die Bühne ganz verlassen und Gott dort hinstellen würden? Vielleicht würden wir dann abends nicht mehr mit dem Gefühl einschlafen, etwas geschafft zu haben, sondern mit einem Gefühl des Staunens, weil wir den ganzen Tag über aufmerksame Zuschauer des göttlichen Schauspiels waren.

Brahmacharya erinnert uns daran, dass wir nicht in diesem menschlichen Körper existieren, um uns tot zu fühlen, sondern um uns als lebendig zu empfinden. Wir sind nicht auf die Welt gekommen, um unsere Vitalität und Leidenschaft durch Maßlosigkeit zu ersticken, sondern um sie voll und ganz zum Ausdruck zu bringen. *Brahmacharya* verlangt von uns die Bereitschaft, uns von den Wundern des Lebens „antörnen" zu lassen. Howard Thurman hat verstanden, welch wichtige Rolle unsere leidenschaftliche Begeisterung für die Welt spielt, als er sagte: „Frage nicht, was die Welt braucht. Frage dich lieber, was dich selbst lebendig macht, und dann gehe und tu genau das, denn was die Welt braucht, das sind Leute, die lebendig geworden sind."

Howard Thurman sagte: Frage nicht, was die Welt braucht. Frage dich lieber, was dich selbst lebendig macht.

Fragen zur Selbsterforschung

Wenn Sie sich von diesen Fragen durchs Leben begleiten lassen, sich Zeit zum Nachdenken nehmen und Tagebuch führen, werden Sie neue Einsichten in Ihr Leben und in die Praxis der Mäßigung gewinnen. Wählen Sie als Basis für Ihre Selbsterforschung in diesem Monat folgende Aussage von Joseph Campbell:

Erkenne den Zweck und die Grenzen
aller Dinge, die es gibt,
und halte dich daran.
Diene nur der Realität dessen,
was dir gegeben ist,
indem du jede menschliche Funktion
ohne Ausnahme
zu einem religiösen Akt
des Opfers und der Anbetung machst.

Woche 1: Nehmen Sie in dieser Woche Ihre Überzeugungen, Wertvorstellungen, Verhaltensweisen und Aktivitäten rund um das Thema Sexualität einmal genau unter die Lupe. Denken Sie darüber nach, was Ihre Kultur, die Medien, Ihre Glaubensgemeinschaft und Ihre Familie zu diesem Thema zu sagen haben; und dann überlegen Sie sich, ob Sie nach den Geboten äußerer Autoritäten oder nach Ihren eigenen Überzeugungen handeln.

Woche 2: Leben Sie in dieser Woche nach dem Prinzip der Mäßigung. Essen, arbeiten und schlafen Sie nur bis zu dem Punkt, an dem Sie dadurch mehr Energie gewinnen – bevor die Lethargie des Überflusses einsetzt. Denken Sie über die Worte des japanischen buddhistischen Mönchs Gensei nach, der einmal gesagt hat: „Im Leben kommt es darauf an, zu wissen, was genug ist." Achten Sie in dieser Woche genau darauf, was genug ist, und hören Sie an diesem Punkt auf. Praktizieren Sie Genuss ohne Exzess.

Woche 3: Achten Sie in dieser Woche darauf, wo Sie Gott sehen und wo nicht. Welche Überzeugungen oder Werturteile schränken Sie in Ihrer Fähigkeit ein, Gott zu sehen und in allen Dingen zu erfahren? Als Nächstes üben Sie, alles in Ihrem Leben zu einer Beziehung zum Göttlichen werden zu lassen. Erkennen Sie das Heilige im Alltäglichen und Gott in jedem Menschen, dem Sie begegnen. Denken Sie über die Worte von Yogi Bhajan nach: „Wenn du Gott nicht in allem sehen kannst, kannst du Gott gar nicht sehen." Sehen Sie Gott in allem.

Woche 4: Denken Sie in dieser Woche über Ihre eigene Göttlichkeit nach. Sind Sie bereit, heilig zu sein? Erstellen Sie eine Liste mit drei Praktiken, die Sie mit Ihrer Leidenschaft und Ihrem Heiligsein verbinden.

Denken Sie in diesem Monat über die Worte von Joseph Campbell nach und leben Sie die Heiligkeit Ihres Lebens.

APARIGRAHA

Verliebe dich ganz tief.
Liebe und schätze alles von ganzem Herzen.
Und dann öffne dich und lass los!

~ Catharine Larsen

अपरिग्रह

Kapitel 6

Aparigraha: Bescheidenheit

Ich erinnere mich noch an die Zeit, als meine Kinder klein waren und ich sie von der Kinderbetreuung abholte. Egal, wie viel Spaß sie gerade mit den leckeren Süßigkeiten, neuen Spielsachen oder Spielkameraden im Kinderhort hatten: Sobald ich den Raum betrat, ließen sie alles stehen und liegen und rannten so schnell wie möglich in meine ausgebreiteten Arme. Nichts war für sie wichtiger als ich. Doch als sie älter wurden, fanden sie die Spielsachen allmählich immer interessanter; manchmal kam es sogar vor, dass sie mich völlig ignorierten, wenn ich kam.

Genau wie kleine Kinder leben auch wir in einer Welt voller Leckereien, Spielsachen und Freunde. Sie sind dazu da, uns zu erfreuen; aber sie dürfen niemals an die Stelle dessen treten, der uns diese Geschenke gemacht hat. Das Juwel des *Aparigraha* lädt uns dazu ein, unser Leben in vollen Zügen zu genießen und dabei doch jederzeit alles stehen und liegen lassen und in die ausgebreiteten Arme des Göttlichen laufen zu können. Wenn wir uns lieber mit unseren Spielsachen beschäftigen, haben wir nicht begriffen, worum es geht.

Man kann *Aparigraha* oder Bescheidenheit auch als Nicht-Anhaften, Nicht-Gier, Nicht-Begehren, Nicht-Greifen oder Sich-an-nichts-Klammern interpretieren; oder wir können es uns einfach als Fähigkeit des „Loslassens" vorstellen. Die indischen Sadhus wissen, wie leicht man anfängt, an den Dingen dieser Welt zu hängen. Sadhus tragen orangefarbene Gewänder und legen das Gelübde ab, allen weltlichen Vergnügungen zugunsten des Göttlichen zu entsagen. Sie verbringen den größten Teil ihrer Zeit in den Wäldern – weit weg von allen Versuchungen, die für sie interessanter werden könnten als die enge Gemeinschaft mit dem Göttlichen. Das ist zwar ein extremes Beispiel, aber doch eine Möglichkeit, von den Fesseln der Habgier frei zu bleiben.

Für diejenigen, die lieber in der Welt bleiben möchten, ist es nicht einfach, hundertprozentig zu lieben und zu leben, ohne Anhaftungen zu entwickeln. Wenn wir die Erfüllung des Geliebtwerdens, die Befriedigung eines hervorragenden Essens, die Anerkennung für eine gut gemachte Arbeit erleben, kann es leicht passieren, dass wir an diesem schönen Augenblick festhalten und ihn am liebsten gar nicht mehr loslassen wollen – dass wir immer wieder die gleiche Befriedigung und Erfüllung von diesen Dingen erwarten. Aber es liegt nun einmal in der Natur der Dinge, sich zu verändern oder irgendwann wieder zu verschwinden; und wenn wir das nicht zulassen wollen, fangen die Dinge an, uns zu enttäuschen. Durch unsere Versuche, an Dingen festzuhalten, werden wir unzufrieden, und unser Leben kommt uns schal und abgestanden vor. Was wir zu besitzen versuchen, besitzt *uns*.

Aber wie können wir durchs Leben wandeln, ganz darin aufgehen und tiefe Gefühle investieren, ohne uns dabei zu stark an eine Sache oder eine Person zu hängen? Die Beobachtung unseres Atems, der kommt und geht, das perfekte Timing von Trapezkünstlern und die uralte Praxis des Affenfangens bieten uns Einblicke in die Fähigkeit, loszulassen, statt uns an Menschen oder Dinge zu klammern. Die Verhaltensregel des *Aparigraha* fordert uns auf, loszulassen und mit leichtem Gepäck durchs Leben zu gehen, dabei aber gleichzeitig von ganzem Herzen zu lieben und unsere Reise in vollen Zügen zu genießen.

Die Verhaltensregel des *Aparigraha* fordert uns auf, loszulassen und mit leichtem Gepäck durchs Leben zu gehen, dabei aber gleichzeitig von ganzem Herzen zu lieben und unsere Reise in vollen Zügen zu genießen.

Der Atem als Lehrer

Was wäre, wenn wir genauso auf das Leben vertrauen könnten, wie wir unserem Atem vertrauen? Was wäre, wenn wir die Nahrung des Augenblicks ganz in uns aufnehmen und dann wieder ganz loslassen könnten im Vertrauen darauf, dass immer neue Nahrung kommt?

So wie der Atem uns Nahrung gibt, nährt uns auch das Leben mit all den Dingen, die es uns schenkt: einem Zuhause, Arbeit, Beziehungen, Gewohnheiten, die uns das

Leben erleichtern, Überzeugungen, Standpunkten und Vorstellungen von uns selbst. Es gibt uns so lange Nahrung, bis wir uns (oft unbewusst) an diese Dinge hängen und uns dann mit Erwartungen, Meinungen, Kritik und Enttäuschungen das Leben schwer machen – nur weil wir vergessen haben, auf das Leben zu vertrauen, auszuatmen und loszulassen. Genau wie der Atem, den man zu lange anhält, können auch die Dinge, die uns nähren, giftig für uns werden.

Die Verhaltensregel des *Aparigraha* lädt uns zu einem göttlichen Spiel ein: intensiv mit dem jetzigen Augenblick in Kontakt zu treten und dann wieder loszulassen, damit der nächste Augenblick kommen kann. Auf diese Weise wächst unser *Adhikara* (unsere Kompetenz), und wir werden immer mehr zu dem, was wir sein können. Ich habe einen Flügel, auf dem ich gerne spiele. Aber Yogiraj Achala erinnert mich daran, den Flügel nicht mit ins Esszimmer zu nehmen, wenn es Zeit zum Essen ist. Warum sollte ich dieses Riesengewicht auf meinen Schultern tragen wollen?

Und doch versuchen wir – im übertragenen Sinn – oft, das Klavier zum Esstisch mitzunehmen, indem wir alles Mögliche ausprobieren, um irgendeine Art von Beständigkeit im Leben zu finden – etwas, woran wir uns festhalten können. Aber das Wesen von *Aparigraha* ist Vergänglichkeit. Alles verändert sich. Nichts bleibt, wie es ist. Wenn wir uns auf unseren Atem zurückziehen und beobachten können, wie unser Bauch sich bei jedem Ein- und Ausatmen hebt und senkt, spüren wir die Wahrheit der Vergänglichkeit aller Dinge.

In der Luft schweben

Ähnlich dem Augenblick, in dem unsere ganze Luft ausgeatmet ist, gibt es für den Trapezkünstler einen Moment, in dem er in der Luft schwebt. Nach meinem Verständnis muss er eine Stange loslassen und in der Luft schwebend warten, bis die nächste Stange auf ihn zufliegt. Wenn er sich an seiner jetzigen Stange festhält oder sich zu sehr nach der nächsten Stange ausstreckt, stimmt das Timing nicht mehr und er stürzt ab. Stattdessen muss er vollständig loslassen, um für die auf ihn zukommende Stange bereit zu sein, wobei er auf das Timing des Schwungs vertraut und nicht auf seine eigene Anstrengung, die Stange zu erreichen.

> Genau wie der Atem, den man zu lange anhält, können auch die Dinge, die uns nähren, giftig für uns werden.

Ich bin keine Trapezkünstlerin; aber meine Erfahrung des Loslassens fühlt sich sehr danach an, in der Luft zu schweben – ohne irgendetwas zu haben, woran man sich festhalten kann. Sie ist roh, nackt, verletzlich und unangenehm. Ich würde viel lieber erst dann loslassen, wenn ich genau weiß, was auf mich zukommt. Und selbst wenn ich losgelassen habe, möchte ich trotzdem immer noch irgendwie mit dem Gewesenen verbunden bleiben – nur für den Fall, dass ich es eines Tages zurückhaben möchte. Völlig loszulassen fühlt sich an wie ein Schweben im Nichts.

Die Praxis des Nicht-Festhaltens ist genauso frei wie das mühelose Schwingen des Trapezkünstlers von Stange zu Stange – in hundertprozentigem Vertrauen und vollendetem Timing. Jedes zu lange Festhalten, jedes zu weite Nach-vorn-Greifen in dem Bemühen, uns ein Gefühl der Sicherheit zu bewahren, ist für unser spirituelles Wachstum und für die natürliche Entfaltung unseres Lebens tödlich.

Lass die Banane los!

In Indien gibt es eine uralte Methode zum Einfangen von Affen, die mich immer wieder fasziniert. Ebenso wie unser Atem und der Trapezkünstler bietet uns auch dieser Prozess einen guten Einblick in die Art und Weise, wie wir an den Dingen des Lebens hängen bleiben und wie tödlich das für uns werden kann. Bei dieser Methode bastelt man kleine Käfige mit schmalen Stäben und legt in jeden Käfig eine Banane. Die Affen kommen herbeigelaufen, greifen zwischen den Gitterstäben durch und ergreifen die Banane. Dann versuchen sie das Unmögliche: nämlich, die Banane durch die Gitterstäbe zu ziehen. Und jetzt kommt das Erstaunliche: In dem Augenblick, in dem die Affenfänger kommen, sind die Affen völlig frei. Nichts hält sie davon ab, sich in Sicherheit zu bringen, wenn sie die Gefahr herannahen hören. Sie brauchen nur die Banane loszulassen. Aber das wollen sie

Unsere Erwartungen halten uns gefangen und machen uns oft unzufrieden. Trotzdem entscheiden wir uns lieber für unsere Anhaftungen als für unsere Freiheit.

nicht; sie halten sie fest und lassen sich problemlos gefangen nehmen.

Diese „Bananen“ stehen für alles, wovon wir erwarten, dass es uns beim zweiten und dritten Mal immer noch die gleiche Erfüllung bringt wie am Anfang. Wenn wir erwarten, dass unser Ehepartner uns heute Abend das gleiche gute Gefühl gibt wie am Abend zuvor, dass ein Essen im Restaurant uns genauso befriedigt wie beim letzten Mal oder dass wir heute immer noch genau die gleiche Wertschätzung erfahren wie gestern – jedes Mal, wenn wir uns das gleiche „Wohlfühl“-Ergebnis wünschen –, klammern wir uns an unserer „Banane“ fest. Unsere Erwartungen halten uns gefangen und machen uns oft unzufrieden.

Menschen, die in ihren Anhaftungen gefangen sind, kann man mit einem Affen vergleichen, der sich an seiner Banane festklammert. Denn eigentlich hält uns nichts. Genau wie der Affe sind wir vollkommen frei. Trotzdem entscheiden wir uns für das Festhalten – für unsere Anhaftungen und unsere Habgier –, statt die Freiheit zu wählen. Um frei zu sein, bräuchten wir einfach nur „die Banane loszulassen“. Stattdessen schaffen wir uns unser eigenes Gefängnis. Was wir festhalten, beginnt *uns* festzuhalten. Und wie mein nächstes Beispiel zeigt, kann dieses Gefängnis auch in einem Selbstbild bestehen, das wir nicht loslassen wollen.

Was wir besitzen, besitzt *uns*

Als ich als Mutter zweier kleiner Kinder eine hässliche Scheidung durchmachte, beschloss ich, in Zukunft nie wieder jemanden zu brauchen. Und unbewusst begann diese Entscheidung mein Verhalten zu prägen: Ich weigerte mich, um Hilfe zu bitten oder Hilfe anzunehmen, wenn sie mir angeboten wurde; ich weigerte mich, müde zu sein oder mich auszuruhen; ich weigerte mich, nicht in allen Bereichen unbesiegbar zu sein. Ich wollte mich nie wieder so verletzlich erleben.

Erst Jahrzehnte später begann ich zu erkennen, welchen Schaden mein Festhalten an diesem Selbstbild in meinem Leben anrichtete. Damit zermürbte ich nicht nur mich selbst, sondern alle Menschen um mich herum. Ich konnte nicht mehr aufhören zu arbeiten und mich abzuhetzen; denn sonst würde ich vielleicht wieder dieses Gefühl der Hilflosigkeit verspüren. Ich hielt an einem Bild von mir selbst fest, das wiederum *mich* festhielt. Spiel, Spontaneität und Spaß waren fast völlig aus meinem Leben verschwunden. Meine Unbesiegbarkeit nahm mir jede Lebensfreude.

Alles, was wir festhalten, müssen wir irgendwo aufbewahren und uns darum kümmern. Die materiellen Dinge, die wir horten, sammeln, kaufen, weil sie im Angebot sind, oder mitnehmen, weil sie „nichts kosten“, nehmen Platz weg und fordern unsere Aufmerksamkeit. Aufbewah-

Alles, was wir festhalten, müssen wir irgendwo aufbewahren und uns darum kümmern.

rungsboxen und Schuppen werden zu einer einfachen Möglichkeit, uns selbst etwas vorzumachen. Aber es gibt auch subtilere Anhaftungen: all die Bilder und Vorstellungen von uns selbst und davon, wie das Leben oder wie andere Menschen sein sollten. Diese Bilder halten uns gefangen und hindern uns daran, etwas zu lernen und innerlich zu wachsen. Das Gerümpel in unserer physischen Umgebung nimmt uns unsere physische Bewegungsfreiheit; das Gerümpel in unserem Geist nimmt uns die Freiheit, uns zu entfalten, auszudehnen und Platz für die nächste Erfahrung zu schaffen, die das Leben uns bringen möchte.

Ich habe sogar einmal eine Phase der Anhaftung an Bohnen-Reis-Burritos aus dem Feinkostgeschäft unserer Stadt durchgemacht. Egal, wer hinter dem Tresen stand – sie kannten mich alle schon und wussten genau, was ich wollte. Sogar meine Sonderwünsche in Bezug auf die Füllung kannten sie in- und auswendig. Bei einem meiner Besuche sagte der Kellner hinter der Theke, der meinen Burrito zubereitete: „O Mann, du bist sooo langweilig." Ein anderes Mal, als ich besonders große Sehnsucht nach meinem Leib- und Magengericht hatte und voller Vorfreude bei meinem Feinkostgeschäft anhielt, erfuhr ich, dass sie keine Bohnen-Reis-Mischung für Burritos mehr hatten. Ich war wütend und wie am Boden zerstört. Und in diesem Augenblick wurde mir bewusst, wie stark meine Anhaftung war – dass ich nicht einmal bereit war, einen anderen Burrito zu essen, und mir stattdessen lieber den Tag verderben ließ.

Das, woran ich mich festklammerte, hielt *mich* fest. Anhaftungen verderben uns den Tag, wenn unser Wunsch nicht erfüllt wird. Anhaftungen machen uns langweilig. Und sie machen uns blind für das herrliche Büfett neuer Möglichkeiten, die auf uns warten.

Anhaftungen nageln uns auf das Bedürfnis fest, dass etwas oder jemand immer gleich bleibt und immer auf dieselbe Art und Weise für uns da ist. Wenn wir uns auf unsere Bedürfnisse für andere Menschen, auf unsere Gefühle, Rollen, Agenden, Genüsse und Identitäten festnageln, benehmen wir uns nicht wie freie Menschen, sondern wie Versuchsratten in einem Labyrinth.

Wie viel Gepäck nimmst du mit?

Vor Kurzem ging ich zum ersten Mal mit meiner Enkelin, von der ich bereits erzählt habe, auf eine Reise, bei der wir unterwegs übernachten mussten. In meiner üblichen Art, alles genau zu organisieren und vorzubereiten, fragte ich sie schon lange im Voraus, was wir einpacken sollten. Als Tage vergingen und sie mir diese Frage immer noch nicht beantwortet hatte, konnte ich meine Frustration kaum noch verbergen. Am Tag vor der Abreise sagte ich: „Ashly, wir müssen Pläne machen." „Oma", sagte sie, „das ist doch der Sinn des Wegfahrens: Mach es einfach, nimm nichts mit – nicht mal Pläne." Ein weiteres Gespräch offenbarte mir, was auf ihrer Gepäckliste stand: ein Buch, ein Fußball und ein Vorrat ihrer liebsten Bio-Tiefkühlgerichte.

Die Einfachheit ihres Verständnisses von einer „Auszeit" machte mich sprachlos. Ich dachte an das viele Packen und all die aufwendigen Vorbereitungen, die mich vor solchen Reisen immer so sehr belasteten. Mich faszinierte diese neue Chance, die sich mir jetzt bot, und voller Aufregung stürzte ich mich in die Herausforderung, „nichts mitzunehmen“. Ich würde zwar jetzt gerne berichten, dass meine Bemühungen erfolgreich waren, aber leider luden wir beide am Morgen unserer Abreise noch allerlei Last-Minute-Gepäck in unser Auto.

Aber durch dieses Erlebnis wurde doch der Same einer neuen Erkenntnis in meinen Geist gelegt, und ich ertappte mich bei der Überlegung, wo ich mit all meinem Planen und Packen und dem vielen Gewicht, das ich ständig mit mir herumschleppte, vielleicht sonst noch „am Sinn der Sache vorbeiging“. Wie viele Koffer voller Erwartungen, Aufgaben, Pläne und Ressentiments schleppte ich Tag für Tag mit mir herum? Sogar Fluggesellschaften verlangen einen Aufpreis, wenn man mehr Gepäck mitnimmt, als erlaubt ist, dachte ich. Und trotzdem: Wer weiß, wie viele Menschen jeden Morgen zu viel einpacken und sich den ganzen Tag mit dieser schweren Last abmühen?

Wie viele Koffer voller Erwartungen, Aufgaben, Pläne und Ressentiments schleppte ich Tag für Tag mit mir herum?

Wie wäre es, wenn wir jeden Morgen nach dem Aufwachen *nichts* mitnehmen würden? Wenn das der Sinn der Sache wäre? Wie wäre es, wenn wir am Ziel der Reise nur unseren Weg zu Gott auspacken würden? Unseren Weg in die Freiheit? Unseren Weg zum *Sein*?

Und doch scheinen wir im Lauf des Tages immer mehr in unsere ohnehin schon vollen Koffer hineinzupacken. Wir fügen unserer schweren Last noch ein paar Enttäuschungen und vielleicht auch ein bisschen Wut und Frustration hinzu. Was wir uns da antun, ist so dumm, so verrückt! Es ist, als würden wir den ganzen Tag einen Riesenstapel Ziegelsteine mit uns herumtragen und immer noch mehr Steine obendrauf packen.

Reise mit leichtem Gepäck, erinnerte meine Enkelin mich. Zieh dich bis zu völliger Nacktheit und Verletzlichkeit aus, lehren uns die Yogis. Das ist die Aufforderung zur Bescheidenheit. Ob wir es wohl schaffen, alles, was wir eigentlich nicht brauchen, wieder aus unserem Koffer herauszunehmen?

Soll einem denn alles egal sein?

Nicht-Anhaftung bedeutet nicht, dass uns alles egal sein sollte oder dass wir uns von den Freuden und Genüssen des Lebens und menschlichen Miteinanders abschotten sollen. Ganz im Gegenteil: Nicht-Anhaftung schenkt uns die Freiheit, in einer Haltung der Wertschätzung des Lebens und unserer Mitmenschen zu leben. Denn wir sollen nur auf das *Festhalten* an den Dingen verzichten, aber nicht auf unsere Freude daran. Dieses Loslassen macht uns innerlich offen, sodass wir uns voll und ganz darauf einlassen können, was jetzt in die-

> Nicht-Anhaftung bedeutet nicht, dass uns alles egal sein soll. Ganz im Gegenteil: Nicht-Anhaftung schenkt uns die Freiheit, in einer Haltung der Wertschätzung des Lebens und unserer Mitmenschen zu leben.

sem Augenblick vor uns liegt. Das Leben wird zu einem Festmahl, und wir dürfen schlemmen, so viel wir wollen – genau wie bei unserer Atmung. Wir sollen tief einatmen, die Fülle der in unsere Lungen hineinströmenden Luft genießen, dann genauso tief und vollständig loslassen und das befreiende Gefühl des Ausatmens genießen.

Je weniger Anhaftungen wir mit uns herumtragen, umso freier sind wir dafür, jeden Augenblick zu genießen, uns ganz auf ihn einzulassen und ihn in vollen Zügen zu leben. Je mehr Atemluft wir aus unseren Lungen herauslassen, umso mehr Platz hat unser Körper für die Fülle des nächsten Einatmens. Und je mehr wir großzügig teilen und verschenken, umso leichter werden wir, und umso weiter können wir uns entfalten. Die Reise des Lebens führt in die Freiheit. Ein Vogel kann sich nicht an seiner Sitzstange festhalten und gleichzeitig fliegen. Genauso wenig können wir an etwas festhalten und gleichzeitig frei sein.

Ein Vogel kann sich nicht an seiner Sitzstange festhalten und gleichzeitig fliegen. Genauso wenig können wir an etwas festhalten und gleichzeitig frei sein.

Wenn wir uns tagtäglich in Großzügigkeit und unerschütterlichem Vertrauen üben, halten wir unsere Habgier im Zaum und bleiben offen für die Entfaltung des Lebens. Das, was zu uns kommen will, ist so groß; und das, woran wir festhalten, ist oft so klein. Sind wir bereit, in der Luft zu schweben wie der Trapezkünstler – in bedingungslosem Vertrauen auf den richtigen Zeitpunkt und auf eine Zukunft, die größer ist als die, an der wir uns festklammern?

Fragen zur Selbsterforschung

Wenn Sie sich von diesen Fragen durchs Leben begleiten lassen, sich Zeit zum Nachdenken nehmen und Tagebuch führen, werden Sie neue Einsichten in Ihr Leben und in die Praxis der Bescheidenheit gewinnen. Wählen Sie als Basis für Ihre Selbsterforschung in diesem Monat folgende Aussage von Swami Jnaneshvara:

> Liebe ist das, was übrig bleibt,
> wenn du alles losgelassen hast,
> was du liebst.

Woche 1: Achten Sie in dieser Woche auf Ihren Atem. Lassen Sie sich durch den einfachen Akt Ihrer Atmung zeigen, wie man das Leben in seiner ganzen Fülle in sich hinein- und wieder aus sich herausfließen lassen kann, ohne sich daran festklammern zu müssen. Schreiben Sie Ihre Beobachtungen und Erfahrungen dazu in Ihr Tagebuch.

Woche 2: Denken Sie in dieser Woche über all die physischen Dinge nach, mit denen Sie sich umgeben haben. Geben Ihnen diese Dinge ein Gefühl der Freiheit und Leichtigkeit, oder halten sie Sie fest und hängen wie Bleigewichte an Ihren Füßen? (Denken Sie daran: Alles, woran Sie festhalten, hält *Sie* fest.) Erfahren Sie den Unterschied zwischen Genuss und Anhaftung.

Woche 3: Achten Sie in dieser Woche darauf, wo Sie Erwartungen an Menschen oder Dinge stellen und unbewusst von ihnen verlangen, dass sie Ihnen die gewohnte

Erfüllung und Bequemlichkeit bieten. Inwiefern erlegen Ihre Erwartungen Ihnen Grenzen auf und machen Sie vielleicht sogar unzufrieden?

Woche 4: Krishna Das hat eine treffende Beobachtung gemacht: nämlich, dass wir einen geistigen Muskel besitzen, dessen Existenz wir leider nur allzu oft vergessen. Er nennt ihn den Muskel des „Loslassens". Krishna Das sagt, dass wir zwar einen starken geistigen „Festhaltemuskel" entwickelt haben; doch unser „Loslassmuskel" ist unterentwickelt. Er schlägt vor, dass wir unseren Geist besser in Form bringen, indem wir diesen Muskel öfters benutzen und das Loslassen erst mal an kleinen Dingen üben, damit wir vorbereitet sind, wenn größere Dinge auf uns zukommen. Achten Sie in dieser Woche darauf, wann Sie sich an Erfahrungen, Gefühlen, Gedanken, Gewohnheiten und Überzeugungen festklammern, und dann trainieren Sie Ihren „Loslassmuskel". Fangen Sie an loszulassen!

Denken Sie in diesem Monat über die Worte von Swami Jnaneshvara nach und leben Sie voll und ganz in der Erfahrung des Lebens – ohne die Last von Anhaftungen oder das Bedürfnis, etwas zu besitzen.

Kapitel 7
Rückblick auf die Yamas

Vor nicht allzu langer Zeit war ich mit einem Freund unterwegs, der sich gerade einen neuen Prius mit GPS gekauft hatte. Ich genoss das Abenteuer, einen Computer zu haben, der mit mir sprach und dafür sorgte, dass ich auf dem richtigen Weg blieb, und lachte mich kaputt, als mein Freund einmal weiter geradeaus fuhr, obwohl das GPS-System ihm die Anweisung gegeben hatte, rechts abzubiegen. Der Computer reagierte auch sofort auf diesen Fehler und sagte: „Fahren Sie weiter geradeaus und kehren Sie dann bei der nächsten Möglichkeit um."

Die *Yamas* sind so etwas wie unser persönliches GPS: Sie sagen uns Bescheid, wenn wir in die falsche Richtung gehen, und fordern uns auf, „bei der nächsten Möglichkeit umzukehren". Sie weisen uns darauf hin, wenn wir der Welt schaden, damit wir eine Kehrtwende machen und einen Schritt in Richtung Harmonie tun können.

Die *Yamas* sind keine einfachen, oberflächlichen Lösungen, sondern lediglich Aufforderungen, in eine bestimmte Richtung zu gehen. Sie erfordern tägliches Üben, denn man muss sich erst einmal mit ihnen vertraut machen. Die Praktiken der Gewaltlosigkeit, der Wahrhaftigkeit, des Nicht-Stehlens, der Mäßigung und Bescheidenheit sind unser ganz persönliches GPS, das uns dazu anleitet:

- weder uns noch anderen zu schaden, sondern stattdessen allen Freundlichkeit und Mitgefühl zu erweisen,
- auf Lügen und Halbwahrheiten zu verzichten und stattdessen lieber unsere Echtheit und Einzigartigkeit zum Ausdruck zu bringen,
- nicht zu stehlen, sondern lieber neue Fähigkeiten und Kompetenzen zu entwickeln und zu pflegen,
- nicht habgierig zu sein, sondern uns dem Genuss ohne Exzess hinzugeben,
- anstelle von Anhaftungen enge Beziehungen zu Menschen und Dingen zu entwickeln, ohne etwas oder jemanden besitzen zu wollen

Die *Yamas* berücksichtigen die Tatsache, dass wir soziale Wesen sind, die auf einem Planeten voller verschiedener Lebensformen existieren. Also müssen wir lernen, mit anderen Geschöpfen zusammenzuleben und alles, was da ist, miteinander zu teilen. Die *Yamas* oder Einschränkungen laden uns zu einer erwachsenen Beziehung zur Welt ein, in der wir über unsere eigenen Bedürfnisse hinaus auf das kollektive Wohl schauen können. In diesem Sinn können wir sie als soziale Disziplinen betrachten, die uns zu Harmonie, Frieden und der richtigen Beziehung zur Welt hinführen. Die *Yamas* raten uns davon ab, zu viele äußere Dinge zu brauchen, und verweisen uns stattdessen auf den besonderen, authentischen Ausdruck unseres eigenen Lebens. Denn nur dabei spüren wir die freudige Erregung und Freude des Lebens.

Wenn wir uns nun den Disziplinen der *Niyamas* zuwenden, verlagern wir unser Augenmerk von einer erwachsenen Beziehung zur Welt auf eine erwachsene Beziehung zu uns selbst; statt auf soziale Belange konzentrieren wir uns jetzt auf unser eigenes Inneres.

Gewaltlosigkeit	leitet uns dazu an, weder uns noch anderen zu schaden, sondern stattdessen allen Freundlichkeit und Mitgefühl zu erweisen
Wahrhaftigkeit	leitet uns dazu an, auf Lügen und Halbwahrheiten zu verzichten und stattdessen lieber unsere Authentizität und Einzigartigkeit zum Ausdruck zu bringen
Nicht-Stehlen	leitet uns dazu an, nicht zu stehlen, sondern lieber neue Fähigkeiten und Kompetenzen zu entwickeln und zu pflegen
Mäßigung	leitet uns dazu an, nicht habgierig zu sein, sondern uns dem Genuss ohne Exzess hinzugeben
Bescheidenheit	leitet uns dazu an, anstelle von Anhaftungen enge Beziehungen zu Menschen und Dingen zu entwickeln, ohne etwas oder jemanden besitzen zu wollen.

SAUCHA

Auf den grünen Blättern des Frauenmantels
glitzerte es –
Tau, so klar und rein.

– Catharine Larsen

शौच

Kapitel 8
Saucha: Reinheit

In seinem Buch *The Ragamuffin Gospel* erzählt Brennan Manning von einer spannungsgeladenen Situation im Aufwachraum einer Klinik. Eine junge Patientin liegt im Bett – neben ihr der Chirurg, der gerade einen Tumor aus ihrem Gesicht entfernt hat. Ihr Ehemann steht ein bisschen weiter weg. Die Patientin betrachtet sich zum ersten Mal nach der Operation in einem Handspiegel. Sie starrt auf den offensichtlich nach unten gezogenen Winkel an einer Seite ihres Mundes und fragt den Chirurgen, ob ihr Gesicht denn nun immer so schief aussehen wird. Der Chirurg antwortet mit einem ernsten Ja und erklärt ihr, dass er einen Nerv durchtrennen musste, um den Tumor herauszuoperieren. In diesem entscheidenden Moment, in dem das Schweigen der jungen Frau verrät, dass sie an ihrer zukünftigen körperlichen Attraktivität zweifelt, greift der Ehemann ein: Er geht zu seiner Frau hinüber und sagt ihr, dass er sie mit diesem nach unten gezogenen Mundwinkel irgendwie süß findet. Dabei schaut er sie zärtlich an, formt seinen Mund genauso wie den ihren, indem er seine Lippen auf ihre drückt, und küsst sie.

Die Verhaltensregel *Saucha* (Reinheit) hat eine zweifache Bedeutung. Erstens lädt *Saucha* uns dazu ein, unseren Körper, unsere Gedanken und unsere Worte zu reinigen. Wenn wir uns körperlich und geistig reinigen, wird unser Leben und unser ganzes Ich leichter und freier von Gerümpel; die Reinigung bringt Helligkeit und Klarheit in unser Wesen. Diese Verhaltensempfehlung hat aber auch einen Beziehungsaspekt. Niemand in der obigen Geschichte konnte im Voraus wissen, wie die Operation ausgehen würde. Doch in dem Augenblick, in dem die Frau an ihrer eigenen Attraktivität zweifelte, konnte der Ehemann durch die Reinheit seiner Beziehung zu ihr etwas für ihr Selbstwertgefühl tun.

Saucha lädt uns dazu ein, unseren Körper, unsere Gedanken und unsere Worte zu reinigen.

Diese beiden Aspekte der Reinheit hängen eng miteinander zusammen. Wenn wir uns von der Schwere und dem Chaos von Giftstoffen, Ablenkungen und Zerstreuungen reinigen, gewinnen wir an innerer Klarheit und können jedem Augenblick mit Integrität und Frische begegnen. Wir werden reiner in unserer Beziehung zu jeder Sekunde unseres Lebens.

Reinheit als Läuterungsprozess

Die Yogis kennen viele Praktiken zur Reinigung ihres Körpers. Auf manche davon reagieren wir vielleicht mit einem Aufschrei: „Nur über meine Leiche!". (Zum Beispiel wollen wir uns vielleicht keine Schnüre durch Nase und Mund ziehen und auch keinen meterlangen Baumwollstreifen schlucken, um unseren Magen zu reinigen.) Andere Reinigungsprozesse, wie beispielsweise die Nasenreinigung mit einem Neti-Kännchen, kosten uns vielleicht weniger Überwindung.* Auch Atemübungen und Körperhaltungen sind Wege zur Reinigung des Körpers, ebenso wie Meditation und die Befolgung eines ethischen Systems wie der *Yamas* und *Niyamas*. Wir können über diese Praktiken sagen, was wir wollen, aber eines ist klar: Die Yogis räumen der Reinigung eine hohe Priorität ein. Warum?

Es gibt eine große Energie, die – meist schlummernd – in jedem von uns liegt. Das ist die Energie des Bewusstseins oder Erwachens. Wir alle haben schon einmal gespürt, wie diese Energie sich bewegt: in Augenblicken, in denen uns stumme Tränen in die Augen steigen, weil sich ein überwältigendes Gefühl der Liebe in uns regt; Augenblicken, in denen der Anblick von etwas Schönem uns in ehrfürchtiges Staunen versetzt; Augenblicken, in denen uns Zufriedenheit und Wohlbefinden aus allen Poren sickern; Augenblicken, in denen die Lebenskraft wie elektrischer Strom durch uns hindurch pulsiert und uns jung und lebendig macht; Augenblicken, in denen eine tiefe Weisheit Licht auf unser Nichtwissen wirft; Augenblicken, in denen die Bewusstheit in ihrer ganzen

* Ein Neti-Kännchen ist ein Gefäß, mit dessen Hilfe man sich Salzwasser durch die Nasenlöcher laufen lässt.

Farbenpracht über uns kommt. Das sind nur ein paar kleine Kostproben dessen, was geschieht, wenn die Energie in uns erwacht.

Um die Verhaltensregel der Reinheit zu befolgen, müssen wir körperliche und geistige Reinigungsprozesse durchlaufen, die uns immer wieder auf solche Erfahrungen vorbereiten. Reinigung stärkt den Körper, isoliert den Geist und macht uns für das Erwachen der Energie in uns bereit. Sie bereitet uns auf die Größe unseres Geistes vor. Reinigung erleuchtet uns, sodass wir das göttliche Mysterium intensiver erleben können.

Diese Maßnahmen zur inneren Reinigung und Läuterung sehen bei jedem Menschen anders aus. Reinigung muss nicht unbedingt etwas Weltbewegendes oder Bizarres sein, um ihre magische Wirkung zu entfalten.

> Die Maßnahmen zur inneren Reinigung und Läuterung sehen bei jedem Menschen anders aus.

Sie kann auch ganz einfache Formen annehmen: zum Beispiel, sich mehr zu bewegen, mehr Wasser zu trinken, einen Fastentag mit Obst und Saft einzulegen oder einen Tag lang unsere Schränke auszumisten. Oder vielleicht beschließen wir auch, unsere Zunge zu reinigen und einen ganzen Tag lang nichts Böses oder Unwahres zu sagen. Egal welche Form Reinigung in unserem Leben annimmt – sie beginnt immer mit der Absicht, unsere Last „leichter“ zu machen.

Worin bestehen diese „Lasten“ bei Ihnen? Vielleicht trägt Ihr Körper Gifte in sich, die von ungesunder Ernährung herrühren. Vielleicht schleppt Ihr Geist das schwere

Gepäck der Unversöhnlichkeit oder einer Opferrolle mit sich herum, in die Sie sich hineingesteigert haben. Vielleicht sind Ihr Zuhause und Ihr Arbeitsplatz voller Gerümpel und Unordnung. All diese „Lasten" beschweren Körper, Geist und Seele. Sie sind real, und sie fallen ins Gewicht. Die Verhaltensregel der Reinheit lädt uns in eine Welt der Leichtigkeit ein: Sie fordert uns auf, alles zu tun, was nötig ist, um diese Last loszuwerden, wo auch immer sie uns das Leben schwer macht. Reinige deinen Körper; reinige deinen Geist; reinige deinen Lebens- und Arbeitsraum.

Ich gehöre zum Beispiel zu den Menschen, die fest an die Macht der Beichte und Vergebung glauben. Ich habe festgestellt, dass ich bestimmte Belastungen, die ich aus meinen früheren Handlungen noch mit mir herumtrage, irgendjemandem beichten muss: manchmal einem guten Freund, manchmal vielleicht auch nur einem Stück Papier, das dann in einem feierlichen Ritual verbrannt wird. Für mich ist das eine wichtige Reinigungspraxis, die mich von früheren Fehlentscheidungen und Egoismen entlastet. Denn wenn wir an Verletzungen von früher festhalten, schaden wir uns damit nur selbst und hindern uns daran, mit dem, was jetzt und hier in unserem Leben geschieht, im Reinen zu sein. Uns und anderen Menschen zu verzeihen, ist das großzügigste Geschenk, das wir uns machen können.

Als ich vor ein paar Jahren meine Kundalini-Yogalehrer-Ausbildung bei Yogi Bhajan machte, erhielt ich Gelegenheit zu einer privaten Sitzung mit ihm, in der ich ihn alles fragen durfte, was ich wollte. Damals hatte er mir den spirituellen Namen *Amrit Dev* („Der süße Nektar und die Weisheit des Gurus sind in dir") gegeben. Ich wollte ihn fragen, wie ich meinem spirituellen Namen voll und ganz gerecht werden könne. Da begann er laut zu lachen und antwortete mit einem Augenzwinkern und starkem indischem Akzent: „Deine Kacke und dein Pipi müssen wie Nektar riechen." Er lachte weiter laut vor sich hin, und damit war meine Sitzung bei ihm beendet.

Egal welche Form Reinigung in unserem Leben annimmt – sie beginnt immer mit der Absicht, unsere Last „leichter" zu machen.

Nach dieser Antwort fiel mir erst einmal die Kinnlade herunter. Erst danach konnte ich anfangen, über seine Worte nachzudenken. Inzwischen ist mir klar, dass Yogi Bhajan damals genau von der Idee der Reinheit gesprochen hatte, um die es in diesem Kapitel geht: Ich sollte danach streben, so zu leben, dass alles, was in mich hineingeht, und alles, was aus mir herauskommt, rein ist.

Diese Erklärung der Bedeutung meines Namens half mir, den Unterschied zwischen Reinigung und Sauberkeit zu verstehen. Gerade von einer Reise nach Indien zurückgekehrt, bin ich jetzt wieder einmal dabei, mir über diesen Unterschied klar zu werden. Ich habe fast zwei Wochen in einem Ashram mit Reinigungspraktiken verbracht; doch als ich nach Hause kam, brauchte ich zwei Stunden, um wieder „amerikanisch sauber" zu sein. In den USA sind wir geradezu besessen von Sauberkeit, schenken der Reinheit aber nur wenig Beachtung. Sauberkeit ist ein Prozess, bei dem wir unser Äußeres scheuern und schrubben: Sie verändert unser äußeres Erscheinungsbild. Reinheit dagegen wirkt auf unser Inneres und verändert unser Wesen. Obwohl natürlich auch Sauberkeit wichtig ist, ruft *Saucha* uns zu einer inneren Reise der Reinigung auf und nicht zum äußeren Erscheinungsbild der Sauberkeit.

Reinheit als Beziehungsqualität

Saucha hat aber auch einen Beziehungsaspekt: Diese Verhaltensregel fordert uns nicht nur dazu auf, Reinheit in uns selbst zu suchen, sondern auch in unserer Beziehung – und jeden Augenblick einfach so sein zu lassen, wie er ist. Wir sollen alles – das Leben, andere Menschen und Dinge, den Tag, die Arbeit, das Wetter – so lassen, wie sie jetzt gerade sind, statt sie so machen zu wollen, wie wir sie haben wollen, erwarten oder für richtig halten. An dieser Verhaltensregel scheitern wir bei jedem Versuch, etwas zu verändern, zu beurteilen, zu kritisieren, zu kontrollieren, zu manipulieren oder vor etwas wegzulaufen – immer wenn wir uns verstellen oder über etwas enttäuscht sind. Reinheit ist nicht der Versuch, etwas anders zu machen, als es ist; dabei geht es vielmehr darum, mit allem, so wie es *jetzt in diesem Augenblick ist*, im Reinen zu sein.

Zwischen *Mit*-etwas-im-Reinen-Sein und dem Versuch, etwas rein zu *machen*, besteht ein feiner und kniffliger Unterschied. Wir versteigen uns nur allzu leicht zu einer arroganten Einstellung, bei der wir uns aufs hohe Ross setzen und glauben, den jetzigen Augenblick besser machen zu können; oder vielleicht denken wir, dass dieser Augenblick unsere Aufmerksamkeit nicht verdient, oder haben womöglich sogar das Gefühl, dass er uns etwas schuldet. Wenn wir so anmaßend denken und handeln, beflecken wir die Reinheit des Augenblicks. Wir sollen unsere Vorstellung von Reinheit nicht in den jetzigen Moment hineinbringen, sondern einfach mit diesem Moment im Reinen sein, so wie er ist.

> Zwischen *Mit*-etwas-im-Reinen-Sein und dem Versuch, etwas rein zu *machen*, besteht ein feiner und kniffliger Unterschied.

Um mit etwas im Reinen zu sein, müssen wir viele Abstriche machen. Wir müssen all unsere Ideale, Erwartungen und Illusionen von dem, „was sein sollte" und „wie wir es haben wollen", von dem abziehen, was *ist*. Wir müssen sogar unsere Vorstellung von Reinheit selbst loslassen, um in der Oase dieser Verhaltensregel leben zu können. Wenn wir im Stau stecken, von unserem Essen enttäuscht sind, über herumliegende Gegenstände in unserer Wohnung stolpern oder ein Familienmitglied schlecht gelaunt ist, sollen wir einfach mit diesen Situationen im Reinen sein, statt sie als etwas Unreines zu bewerten.

Vor Kurzem kam meine Schwägerin von einem Besuch bei ihrem zweijährigen Enkel zurück und war voller lebhafter Eindrücke. Sie konnte nur noch davon sprechen, wie neu die Welt jetzt für sie aussah, nachdem sie sie eine Woche lang durch die neugierigen, begeisterten Augen eines Kindes gesehen hatte. Sie hatte etwas gewonnen, was die Buddhisten den „Anfängergeist" nennen. Plötzlich war die Welt für sie nicht mehr fade und abgestanden.

Sie war von der Neugier eines Kindes ergriffen worden, und das hatte sie offener und verspielter werden lassen: Jetzt konnte sie sich wieder überraschen lassen. Sie hatte die kindliche Fähigkeit zurückgewonnen, alles so zu sehen, wie es wirklich ist – als wäre es das allererste Mal. Als sie der Welt nicht mehr die Grenzen ihrer schalen Sichtweise auferlegte, begann sie sich ihr auf eine ganz neue, wundersame Weise zu offenbaren. Sie war mit dem jetzigen Augenblick ins Reine gekommen.

Vielleicht fällt uns das uns selbst gegenüber am schwersten. Seien Sie einmal ganz ehrlich: Wie viele Erwartungen und Illusionen erlegen Sie sich selber auf? Ich staune immer wieder, wenn ich meine alten Tagebücher zur Hand nehme und darin lese, was ich alles tun wollte, um mich zu verbessern. Und wenn ich anderen Menschen zuhöre, weiß ich, dass ich nicht die Einzige bin, die hofft, etwas hundertprozentig Perfektes aus sich zu machen. Wie wäre es, wenn wir üben würden, uns zu „entplanen“, statt uns zu planen? Wenn wir uns selbst heiß und innig lieben würden, so wie wir sind, statt ein liebenswerter Mensch werden zu wollen? Wenn wir einfach einmal die Zügel lockerlassen würden, statt uns und unser Leben immer perfekt durchzuorganisieren? Jeder von uns sollte sich die Frage beantworten: „Kannst du in jeder Sekunde mit dir selbst im Reinen sein?“ Oder um es mit den Worten von Anthony de Mello auszudrücken: „Kannst du dich selbst in Frieden lassen?“

Mit uns selbst im Reinen zu sein bedeutet, dass wir keine Angst vor unseren Gedanken oder Gefühlen haben und nichts vor uns zu verstecken brauchen.

Mit uns selbst im Reinen zu sein bedeutet, dass wir keine Angst vor unseren Gedanken oder Gefühlen haben und nichts vor uns zu verstecken brauchen. Matthew Sanford, der seit einem Unfall von der Hüfte abwärts gelähmt ist, hat einmal gesagt: „Ich habe keine Angst vor meiner Traurigkeit. Diese Traurigkeit ist ein unglaubliches Geschenk: Durch sie kann ich bei anderen Menschen sein, die leiden, ohne ihr Problem lösen zu wollen." Matthew fordert uns auf, einfach und furchtlos zu *sein*, und zwar mit allen Teilen unserer selbst.

Wenn wir auf diese Weise ganz mit uns im Reinen sind, bringen wir mehr Durchhaltevermögen für unser eigenes Leiden, unsere Intimität, Freude und Langeweile, unseren Schmerz und unsere Ängste auf. Wir werden sicher im Umgang mit uns selbst und entwickeln uns zu einem Zufluchtsort für andere. Wir werden zu Menschen, die mitfühlend mit einem anderen zusammensitzen können – ohne das Bedürfnis, ihm unbedingt helfen zu müssen.

Unsere verstreuten Teile einsammeln

Reinheit bedeutet aber nicht nur, die Illusionen, die wir dem jetzigen Moment auferlegen, loszulassen, sondern auch, uns zu sammeln, um dem Jetzt und Hier mit unserem ganzen Ich gegenüberzutreten. Was heißt das? Yogiraj Achala bezeichnet es als „Ungetrübtsein". Alice Christensen spricht davon, „unfragmentiert" zu sein. Doch egal welchen Begriff wir dafür verwenden – Reinheit verlangt von uns, hundertprozentig im Hier und Jetzt zu sein. Und das bedeutet, dass Kopf und Herz miteinander vereint sind, dass unsere Gedanken, Handlungen und Worte miteinander übereinstimmen und wir ganz im aktuellen Augenblick präsent sind.

Eine meiner Freundinnen erzählte mir von einem Erlebnis mit ihrem dreijährigen Sohn. Es war ein besonders anstrengender Tag, sie war mit vielen verschiedenen Dingen beschäftigt, und ihr Sohn versuchte, ihre Aufmerksamkeit auf sich zu lenken. Frustriert nahm er ihr Gesicht zwischen seine Hände und sagte: „Du siehst mich nicht.“ Damit hat dieser kleine Dreikäsehoch seine Mutter an etwas sehr Wichtiges erinnert: Jeder Augenblick, jeder Mensch, jedes Ereignis möchte von uns gesehen und (an-)erkannt werden – und dieses (An-)Erkennen ist nur dann möglich, wenn wir wirklich in ihrer Gegenwart präsent sind und sie so wahrnehmen und akzeptieren, wie sie sind.

Wie meine Freundin im obigen Beispiel gehen wir oft mit unzähligen verworrenen, zerstreuten Gedanken in eine Erfahrung hinein und verlassen sie in einem noch größeren Gedankenchaos. Es ist, als lebten wir von den Überbleibseln dessen, wo wir gewesen sind, oder den Vorbereitungen darauf, wo wir als Nächstes hinwollen. Da wir uns nicht die Zeit genommen haben, mit uns selbst „Schritt zu halten“, sind wir jetzt überall – nur nicht in der Gegenwart. Wir verpassen die Fülle eines Lebens, das im Reichtum dessen gelebt wird, was unmittel-

> Da wir uns nicht die Zeit genommen haben, mit uns selbst „Schritt zu halten", leben wir von den Überbleibseln dessen, wo wir gewesen sind, oder den Vorbereitungen darauf, wo wir als Nächstes hinwollen.

bar vor uns liegt. Statt locker und entspannt zu sein, kommen wir zu spät im Hier und Jetzt an und sind völlig mit den Nerven am Ende, weil wir unbedingt noch etwas erledigen mussten, bevor wir losgegangen sind. Und oft verlassen wir dieses Jetzt und Hier auch wieder in komplett zerstreutem Zustand, weil wir in Gedanken bereits zum nächsten Punkt auf unserer Agenda vorauseilen, statt erst einmal richtig durchzuatmen und den jetzigen Augenblick zu einem köstlichen Abschluss zu bringen.

Die Verhaltensregel der Reinheit fordert uns dazu auf, unser Leben zu entschleunigen und eins nach dem anderen zu tun. Reinheit verkörpert die langsame Stetigkeit und Integrität, die wir brauchen, um unsere ganze Aufmerksamkeit *einer* Sache zu widmen. Wenn wir uns darin üben, unser Tempo zu verlangsamen und allem, womit wir in Berührung kommen, unsere ungeteilte Aufmerksamkeit zu schenken, fühlen wir uns „ganzer" und mehr mit dem jetzigen Augenblick im Reinen. Multitasking, Eile und Geschäftigkeit – lauter Erfolgssymbole unserer heutigen Kultur – sind „Reinheitskiller".

Mir passiert es sogar manchmal, dass ich meine Morgengebete spreche, meine Morgenmeditation mache und während der ersten Gebetszeile schon fast meinen ganzen Tag vorausplane. Oder dass ich meiner Enkelin liebevoll in die Augen schaue, wenn sie etwas sagen will, und ein paar Sekunden später feststelle, dass sie fertig gesprochen hat und ich kein einziges Wort davon gehört habe. In beiden Fällen war ich nicht im jetzigen Augenblick präsent.

Reinheit erfordert unsere ganze Aufmerksamkeit im jetzigen Moment, damit wir mit vollem Bewusstsein und mit unserer ganzen Energie zum nächsten Punkt übergehen können. Krishnamurti beschreibt die Freiheit, die uns dieses Eintauchen ins Hier und Jetzt bringt, folgendermaßen: „Ich gehe vollständig in jede Erfahrung hinein und komme auch vollständig wieder aus jeder Erfahrung heraus. Ich bringe mein ganzes Ich in alles hinein und … aus allem heraus, was ich tue.“ Reinheit verlangt von uns, hundertprozentig und ehrlich mit dem jetzigen Augenblick in Kontakt zu treten, damit uns nichts verloren geht und wir nichts zu bereuen haben.

Reinheit verlangt von uns, hundertprozentig und ehrlich mit dem jetzigen Augenblick in Kontakt zu treten, damit uns nichts verloren geht und wir nichts zu bereuen haben.

Vor ein paar Jahren studierte ich bei Neil Douglas-Klotz das Vaterunser in seiner ursprünglichen aramäischen Sprache. Die Zeile, die im Deutschen als „… und vergib uns unsere Schuld, wie auch wir vergeben unseren Schuldigern …“ interpretiert wird, klingt auf Aramäisch wie ein Ausspucken – als sei das Aussprechen der Zeile selbst ein Loslassen. Douglas-Klotz interpretiert das „Ausspucken“ dieser Worte als buchstäblichen Akt des Vergessens von allem, was man über die andere Person weiß.* Es ist, als

* Eine wörtliche Übersetzung aus dem Aramäischen lautet: „Löse die Fesseln der Fehler, die uns binden, so wie wir die Fäden der Schuld anderer Menschen loslassen, die wir immer noch in der Hand halten.“ Obwohl das Neue Testament auf Griechisch verfasst wurde, war die Sprache des einfachen Volkes damals Aramäisch. Jesus hätte das Vaterunser also auf Aramäisch gesprochen und es den Menschen auch so beigebracht. Erst in späteren Jahrhunderten, als die Muslime die Macht in dieser Region übernahmen und Arabisch zur vorherrschenden Sprache wurde, entwickelte sich das Aramäische zu einer „toten“ Sprache.

würde man jedem Menschen ganz neu begegnen und mit seiner Beziehung zu ihm wieder bei null anfangen – ohne sich an irgendwelche Geheimnisse zu erinnern, die man vielleicht über ihn weiß. Dahinter verbirgt sich die Hoffnung, dass Sie diesen Menschen jedes Mal, wenn Sie ihm begegnen, auf reine Art und Weise betrachten und zu ihm in Beziehung treten können. Ich denke oft an diese Zeile aus dem Vaterunser. Dabei wird mir immer wieder aufs Neue klar, dass die Geheimnisse, die ich über andere Menschen weiß, nur Gerümpel in meinem Kopf sind, die mich von der Praxis der Reinheit abhalten. Deshalb bete ich immer wieder um dieses Vergessen.

Mit der Zeit wird diese Praxis des *Saucha* oder der Reinheit – der Läuterung unserer selbst und unserer Fähigkeit, in jedem Augenblick präsent zu sein – zu etwas tief Emotionalem. Wenn wir beginnen, die Last des Abfalls und Gerümpels von uns abzuwerfen, die wir bisher mit uns herumgetragen haben, fühlen wir uns leichter und weiträumiger. Unser Körper wird lebendiger, unser Geist klarer, unser Herz mitfühlender.

Fragen zur Selbsterforschung

Wenn Sie sich von diesen Fragen durchs Leben begleiten lassen, sich Zeit zum Nachdenken nehmen und Tagebuch führen, werden Sie neue Einsichten in Ihr Leben und in die Praxis der Reinheit gewinnen. Wählen Sie als Basis für Ihre Selbsterforschung in diesem Monat folgende Aussage von Krishnamurti:

> Ich gehe vollständig in jede Erfahrung hinein und komme auch vollständig wieder aus jeder Erfahrung heraus. Ich bringe mein ganzes Ich in alles hinein und … aus allem heraus, was ich tue.

Woche 1: Achten Sie in dieser Woche darauf, in welchen Bereichen Ihr Körper träge und lustlos ist. Fangen Sie an, sich (und auch den Raum um sich herum, falls dieser Sie träge macht) durch gesunde Ernährung und körperliche Aktivität zu reinigen. Achten Sie darauf, wie die Last Ihrer Trägheit durch diesen Reinigungsprozess mit der Zeit immer leichter wird. Achten Sie auf den Unterschied zwischen dem äußeren Prozess der Säuberung und dem inneren Prozess der Reinigung.

Woche 2: Beginnen Sie in dieser Woche, Ihre Gedanken und Ihre Sprache zu reinigen. Lassen Sie mithilfe von Ritualen, Vergebung, Tagebuchführen, mit Unterstützung von Freunden usw. toxische, abgestandene, negative Gedanken los. Ersetzen Sie diese Gedanken durch Liebe und Dankbarkeit.

Woche 3: Seien Sie in dieser Woche mit sich im Reinen. Oder um es mit den Worten von Anthony de Mello auszudrücken: Lassen Sie sich selbst in Frieden. Beschreiben Sie diese Erfahrung und alles, was sie in Ihnen auslöst, in Ihrem Tagebuch.

Woche 4: Nehmen Sie sich in dieser Woche eine ungestörte Stunde Zeit, um eine Orange zu essen. Schenken Sie dieser Orange und dem Genuss, den sie Ihnen bereitet, eine ganze Stunde lang Ihre volle Aufmerksamkeit. Verlangsamen Sie für den Rest der Woche Ihr Lebenstempo und seien Sie voll und ganz in jedem Augenblick präsent, der sich vor Ihnen entfaltet. Beschreiben Sie die Erfahrungen, die Ihnen dabei zuteilwerden, in Ihrem Tagebuch.

Denken Sie in diesem Monat über die Worte von Krishnamurti nach und seien Sie mit jedem Augenblick im Reinen, so wie er ist.

SANTOSHA

Bleibe in der Mitte
und nimm jeden Moment
mit ruhiger Gelassenheit wahr.

– *Catharine Larsen*

संतोष

Kapitel 9

Santosha: Zufriedenheit

Mein Mann und ich haben die drei Staffeln der Fernsehserie *Kung Fu* auf DVD. Wir schauen uns diese Episoden immer wieder gerne an und tun so, als seien wir Meister des Lebens, so wie Caine – als könnten wir stets ruhig und gelassen bleiben und wüssten immer genau, was zu tun ist, egal was passiert.

Für diejenigen, die die Serie nicht kennen: Caine tritt als Waisenkind in ein chinesisches Kloster ein und wird in den Kampfkünsten und im Weg des Tao ausgebildet. Er wird zum Meister und wird in einen buddhistischen Mönchsorden eingeweiht. Nach einem Vorfall, bei dem man Caine die Verantwortung für den Tod des Lieblingsneffen des Kaisers zuschiebt, wird er gesucht und muss nach Amerika fliehen.

In Amerika zieht Caine von Stadt zu Stadt und ist dabei doch stets Meister seines eigenen Lebens. Ständig sind Kopfgeldjäger hinter ihm her; doch er hat keine Angst, sondern begegnet jedem Augenblick mit Neugier und totaler Präsenz. Er besitzt nichts, leidet aber trotzdem keinen Mangel. Jeder Sekunde seines Lebens tritt er in einer Haltung der Zufriedenheit entgegen und kann Schönheit und Reichtum darin erkennen. Wo die meisten Menschen nur Einsamkeit und Entbehrung sehen würden, findet Caine Zufriedenheit. Und in seiner Zufriedenheit kann er andere Menschen zu einer tieferen Erkenntnis ihrer eigenen Fähigkeit führen, willensstark und sanftmütig zu sein.

> *Santosha* lädt uns dazu ein, zufrieden zu sein, indem wir in einem ruhigen Zentrum Zuflucht suchen, unser Herz in Dankbarkeit für alles öffnen, was wir haben, und das Paradoxon des „Nicht-Strebens" praktizieren.

Nun vergleichen Sie dieses Bild der Zufriedenheit einmal mit einer netten Geschichte, die eine Freundin mir über ihre Kindheit erzählt hat. Sie weiß noch, wie sie als sechsjähriges Mädchen auf der Veranda ihres Elternhauses stand, in die Ferne blickte und dachte: „Irgendwo da draußen haben die Leute viel mehr Spaß als ich." Vielleicht erkennen Sie in dieser Begebenheit – genau wie ich – die unschuldige Sehnsucht eines kleinen Kindes. Und doch hindert uns diese Sehnsucht, die uns auf unserem Weg durchs Leben ständig begleitet, daran, zufrieden zu sein.

In den USA fachen die Werbeexperten diese Sehnsucht in uns so stark an, dass das Verlangen nach allem, was wir nicht haben, inzwischen schon zu einer ansteckenden Seuche geworden ist. Statt zufrieden zu sein, bereiten wir uns ständig darauf vor, was als Nächstes kommt. Wir werden von unseren Vorlieben und Abneigungen hin und her geworfen und reiten auf den Wellen ständiger emotionaler Probleme. *Santosha* lädt uns dazu ein, zufrieden zu sein, indem wir in einem ruhigen Zentrum Zuflucht suchen, unser Herz in Dankbarkeit für alles öffnen, was wir haben, und das Paradoxon des „Nicht-Strebens" praktizieren.

Ständige Bereitschaftshaltung

Ein chinesisches Sprichwort sagt: „Die Menschen im Westen bereiten sich dauernd auf das Leben vor." In diesem Sprichwort steckt eine erstaunliche Wahrheit. In unserer Kindheit können wir es gar nicht erwarten, endlich groß zu werden; wenn wir dann groß sind, können wir es nicht erwarten, aus dem Haus zu gehen; als Nächstes können wir es nicht erwarten, mit dem Studium fertig zu werden und eine Anstellung zu finden; dann können wir es nicht erwarten, in Urlaub zu fahren; und schließlich können wir es nicht erwarten, in den Ruhestand zu gehen. Wie das chinesische Sprichwort sagt: Wir leben eigentlich nie richtig, sondern bereiten uns immer nur vor.

Außerdem neigen wir dazu, ständig auf das Leben anderer Leute zu schielen und zu sehen, was in unserem eigenen Leben fehlt. Wir schauen in die Ferne und stellen fest, was wir alles nicht haben, statt uns innerhalb unseres eigenen Lebens und Umfelds umzusehen und zu genießen, was wir haben. Wenn wir in die Ferne schauen, begeben wir uns in einen Zustand des Mangels. Eine Freundin von mir erzählte mir, wie sehr eine ihrer Schwestern sie beneidete, als sie Abenteuerreisen in die Wildnis leitete. Schließlich beschloss die Schwester, an einer dieser Reisen teilzunehmen. An einem besonders anstrengenden Tag saß sie am Strand und es ging ihr hundeelend. Ein kalter Wind blies um sie herum; außerdem hatte sie gerade ihre Tage und fühlte sich daher ohnehin nicht wohl. Da sah sie meine Freundin an und sagte ganz ruhig: „Jetzt bin ich nicht mehr neidisch auf dich."

Wenn wir von der Welt erwarten, dass sie unsere Bedürfnisse erfüllt, suchen wir außerhalb unserer selbst nach Nahrung und Erfüllung. Wir erwarten von unseren Partnern, dass sie uns Erfüllung schenken, von unseren Jobs, dass sie unsere Bedürfnisse befriedigen, und vom Erfolg, dass er all unsere Probleme löst. Und wenn das nicht der Fall ist, spielen wir weiter das „Ach, wenn doch nur"-Spiel und suchen nach der einen Voraussetzung zum Glück, die uns noch fehlt. Oder wir spielen das „Planen-und-Bereuen"-Spiel. Wir machen unsere Zufriedenheit von lauter unkontrollierbaren Faktoren abhängig. Solange wir glauben, dass Zufriedenheit aus einer äußeren Quelle kommt, können wir niemals zufrieden sein. In der Außenwelt nach Erfüllung zu suchen, wird uns immer enttäuschen; dann wird die Zufriedenheit stets einen Schritt außer Reichweite sein.

Vergnügen und Vermeidung

Wir verbringen einen großen Teil unseres Lebens damit, nach Dingen zu streben – egal ob es sich dabei um Essen, Kleidung, Farben, Musik, Gespräche, Hobbys, Freunde und Aktivitäten oder um bestimmte Überzeugungen und Selbstbilder handelt. Unsere Präferenzen in diesen Lebensbereichen sehen wir als das, was uns Vergnügen bereitet. Also versuchen wir, dieses Vergnügen in unserem Leben zu etwas Dauerhaftem zu machen, als gehe es dabei um Leben und Tod. Auf die gleiche Weise versuchen wir Dingen aus dem Weg zu gehen, die uns *nicht* gefallen. Alles, was unser Vergnügen gefährdet, empfinden wir als etwas Abstoßendes, wovor wir uns in Acht nehmen müssen.

Wir halten uns für frei; doch in Wirklichkeit verwenden wir einen großen Teil unserer Energie dafür, uns so durchs Leben zu manövrieren und andere Menschen so zu manipulieren, dass unsere Tage mit lauter Dingen angefüllt sind, die wir mögen, und Dinge, die wir nicht mögen, möglichst gar nicht darin vorkommen. Ich nehme dieses Manövrieren des Lebens als Gefühl des „Greifens" in meinem Körper wahr: Wenn sich in meiner Nähe etwas befindet, das mir Freude bereitet, ist es fast so, als würde das Verlangen nach dieser Freude physisch nach mir greifen. Das gleiche greifende Gefühl entsteht, wenn ich denke, dass ich ein Vergnügen

> In der Außenwelt nach Erfüllung zu suchen, wird uns immer enttäuschen; dann wird die Zufriedenheit stets einen Schritt außer Reichweite sein.

versäumen könnte, das direkt vor meiner Nase liegt. Auch wenn ich an einer Besprechung teilnehme und mich langweile oder innerlich unruhig bin, spüre ich eine Anspannung in meinem Körper, als versuchte ich mich vor dieser unangenehmen Erfahrung zu schützen.

Doch in Wirklichkeit – so sagen uns die Yogis – ist alles neutral. Nur die persönlichen Etiketten, die wir den Dingen anheften, machen sie für uns anziehend oder abstoßend. Als ich noch klein war, musste ich so lange am Küchentisch sitzen bleiben, bis ich mein Kürbisgemüse aufgegessen hatte. Ich brauchte mehrere qualvolle Stunden, um meinen Teller leer zu essen; und anschließend schwor ich mir, Kürbis für den Rest meines Lebens zu hassen. Jahrzehntelang führte ich eine richtige Hasskampagne gegen Kürbisse. Erst kürzlich betrachtete ich einen Kürbis im Lebensmittelladen mit mehr Neugier als Hass. Ich fasste Mut, kaufte den Kürbis, brachte ihn nach Hause, kochte und aß ihn. Und zu meinem großen Erstaunen schmeckte er mir ganz hervorragend! In Wirklichkeit war dieser Kürbis etwas Neutrales. Nur aufgrund meiner langen, bis in die Kindheit zurückreichenden Vorgeschichte hatte ich ihm eine Bedeutung verliehen, die ihn für mich abstoßend machte.

Seng-ts'an beschreibt dieses Phänomen in sehr treffenden Worten: „Der Weg des Tao ist einfach für diejenigen, die keine Vorlieben haben." Wenn Sie mit der Wahrheit dieser Aussage experimentieren möchten, versuchen Sie einmal, ganze Tage hintereinander Dinge zu tun, die Sie nicht mögen, und auf Aktivitäten zu verzichten, die Sie mögen; dann werden Sie sehen, wie sehr Sie an Ihren Vorlieben hängen. Das Bedürfnis, unsere Vorlieben zu befriedigen, hindert uns daran, zufrieden zu sein, und erschwert uns unsere Tage. Unser Suchen und Vermeiden (innere Anspannung und Festhalten) wird zu einer teuren Energieverschwendung.

Oscar Wilde hat einmal gesagt, dass es auf der Welt nur zwei Arten von Unglücklichsein gibt: nämlich das, was man haben möchte, *nicht zu bekommen*, oder es *zu bekommen*. Vielleicht wusste er, dass die Befriedigung unserer Vorlieben und die Vermeidung von allem, was uns unangenehm ist, uns auf einer Achterbahn gefangen hält: Denn dann sind wir ständig damit beschäftigt, unsere Vorlieben zu befriedigen und allem Unangenehmen aus dem Weg zu gehen. Wahre Freiheit und Zufriedenheit finden erst dann ihren Weg zu uns, wenn wir die Dinge so sehen können, wie sie sind – nämlich neutral –, und nicht mehr so viel Energie damit verschwenden, alles nach unseren Vorlieben zu manipulieren. Das erinnert mich an die Weisheit eines 116 Jahre alten Mannes, der auf die Frage nach dem Geheimnis seiner Langlebigkeit antwortete: „Wenn es regnet, lasse ich es regnen."

> Suchen und Vermeiden sind eine teure Energieverschwendung.

Wir sind selbst für unsere emotionalen Probleme verantwortlich

Wir reiten nicht nur auf den Wellen unserer Vorlieben und Abneigungen, sondern auch auf den Wellen emotionaler Probleme. Denken Sie einmal daran, wie oft Sie sich verärgert, verletzt, ausgegrenzt, nicht genügend gewürdigt, ausgenutzt usw. fühlen. Es ist leicht, die Macht über unsere emotionale Verfassung an jemanden oder etwas außerhalb unserer selbst abzugeben. Wenn wir unser emotionales Wohlbefinden davon abhängig machen, was andere Menschen sagen oder nicht sagen oder wie unser Tag verläuft, sind wir Einflüssen ausgeliefert, die außerhalb unserer Kontrolle liegen. Dann lassen wir unsere eigene Zufriedenheit davon beeinflussen, was andere Menschen sagen oder tun; wir bringen uns selbst in eine hilflose Position.

Carlos Castaneda schreibt: „Denken Sie einmal darüber nach: Was uns schwächt, ist unser Gefühl, durch das Tun und Lassen unserer Mitmenschen gekränkt werden zu können. Das Gefühl unserer eigenen Wichtigkeit führt dazu, dass wir uns die meiste Zeit unseres Lebens von irgendjemandem beleidigt fühlen.“ Ob wir auf diese empfundene Beleidigung mit einem verbalen Wutausbruch oder mit Schweigen und innerem Rückzug reagieren – ob wir uns jemandem anvertrauen oder die Kränkung ein halbes Jahr lang stumm in unserem Herzen herumtragen, bis sich niemand mehr daran erinnert: Emotionaler Aufruhr ist eine unangemessene, sinnlose Energieverschwendung – eine Position der Machtlosigkeit, durch die Zufriedenheit uns für immer unerreichbar wird.

> Wenn wir unser emotionales Wohlbefinden von etwas oder jemandem außerhalb unserer selbst abhängig machen, bringen wir uns in eine hilflose Position.

Meine Erfahrungen bei der Beratung von Unternehmen, beim Coaching privater Klienten und in meinem eigenen Familienleben zeigen immer wieder, dass emotionaler Aufruhr einen hohen Preis fordert: Dadurch verschlechtern sich unsere Leistungen; unsere Arbeit im Team wird schlampig; es entstehen Kummer und Missverständnisse in der Familie; und auch unsere eigene Gesundheit und unser eigenes Wohlbefinden leiden darunter. Wenn wir von solch emotionalem Chaos besessen sind, haben wir einen Tunnelblick und fallen auf die Intelligenzstufe zurück, in der wir diese Emotionen zum ersten Mal erlebt haben. Wenn wir nicht besessen davon sind, entwickeln wir einen Panoramablick: Wir können die Situation aus allen Blickwinkeln betrachten und eine kreative Win-win-Richtung darin erkennen.

Als ob äußere Ereignisse nicht schon ausreichen würden, um uns in emotionales Chaos zu stürzen, neigen wir leider auch in ruhiger Gemütsverfassung dazu, in unserem Kopf immer wieder Geschichten ablaufen zu lassen, die uns aus dem Konzept bringen. Ob das, was jemand uns angetan hat, nun zehn Jahre oder erst einen Tag zurückliegt – unser Gehirn besitzt eine erstaunliche Fähigkeit, solche aufwühlenden Ereignisse immer und immer wieder zu durchleben und uns auf diese Weise immer tiefer in einen Zustand der Unzufriedenheit hineinzumanövrieren.

Ein japanisches Sprichwort sagt: „Nicht der Lärm stört dich, sondern du störst den Lärm." Ich gebe zu: Als Liebhaberin der Stille musste ich lange über diesen Spruch nachdenken. Ich habe laute Geräusche schon immer als Störung meiner „ruhigen, friedlichen" Natur angesehen. Was mich dieses scharfsinnige Sprichwort gelehrt hat, ist Folgendes: Wenn ich mich über Lärm aufrege, bin *ich* diejenige, die den Fluss des Lebens stört, und nicht der

Lärm! Es gibt kein Entkommen; wir können unsere emotionalen Probleme immer auf uns selbst zurückführen. Wir hindern uns selbst an unserer Zufriedenheit.

Ähnlich wie wir von aufwühlenden Emotionen besessen sein können, lenken auch das verlockende Geglitzer und die Versprechungen der Außenwelt immer wieder unsere Aufmerksamkeit auf sich. Als ich von einem Sabbatmonat mitten im Wald zurückkehrte, fiel mir unsere heutige technologische Reizüberflutung ganz besonders auf. Und als ich dann feststellte, wie ich mich von einer Position der Zufriedenheit langsam, aber sicher immer stärker auf das fesselnde Hintergrundrauschen tausend verschiedener Reize zubewegte, schrieb ich Folgendes:

> Es hat wieder mal geklingelt. Während meines Sabbatmonats hörte ich so etwas nie. Kein Klingeln an der Tür, das ankündigte, dass mich jemand besuchen wollte. Kein schrillendes Telefon, das zusammen mit den verschiedenen Klingeltönen meines Smartphones oft ein Trio von Geräuschen ergab, wenn mein Computer mir zusätzlich auch noch meldete, dass mindestens eine neue E-Mail eingetroffen war. Insgesamt versuchte man mich also von mindestens drei Seiten gleichzeitig zu kontaktieren! Während meines einsamen Aufenthalts am See hatte nicht mal mein Wecker geklingelt, um mir zu sagen, dass es an der Zeit war, den Tag zu beginnen oder nach einem kleinen Nickerchen wieder aufzustehen.
>
> Nun, da ich wieder zu Hause bin, höre ich ständig die Kakofonie dieser Klingeltöne. Im Gegensatz zu den Geräuschen der Natur, denen ich in reiner Freude zuhören und mich dabei immer mehr in einen Zustand der

Kontemplation hineinfallen lassen konnte, sind diese Klingeltöne ungeduldige Aufseher, die mich aus meinem jetzigen Zustand aufrütteln und eine sofortige Reaktion verlangen: *Nimm mich jetzt wahr. Antworte mir jetzt. Kümmere dich um mich.* Was auch immer ich gerade eben noch in aller Ruhe getan habe, ist jetzt vergessen: Denn nun verlagert sich meine Aufmerksamkeit auf dieses Geklingel. Und dabei fallen mir meine gemischten Gefühle auf: Meine Reaktionen reichen von totaler Verärgerung bis hin zur Begeisterung über irgendein neues Weihnachtsangebot. Wer wohl am Telefon sein mag? Wer hat mir gerade gemailt? Wer will etwas von mir? All diese Reize und Anforderungen stürmen ständig auf mich ein, und ich fange an mich zu fragen: „Wer führt hier eigentlich Regie?". Wenn ich nicht aufpasse, werde ich irgendwann zu einem Jo-Jo, das nur noch auf die Stimuli der verschiedenen Klingeltöne reagiert. Zu einem willigen Sklaven, der alles stehen und liegen lässt, wenn es irgendwo klingelt. Ich werde darauf trainiert, ständige Reize zu brauchen und mich von einem Klingelton aus meiner Zufriedenheit reißen zu lassen. Ich werde zu einem Pawlow'schen Hund.

Dankbarkeit

In unserer Kultur ist es nicht einfach, sich seine Zufriedenheit zu bewahren. Wie kommen wir überhaupt an diesen Punkt, und wie schaffen wir es, dann auch dort zu *bleiben*? Mich katapultiert es manchmal so blitzschnell aus diesem Zustand der Zufriedenheit heraus, dass mich dieser plötzliche Stimmungsumschwung immer wieder „kalt erwischt". Eines Vormittags lernte ich wieder einmal, wie dringend ich Dankbarkeit als Werkzeug brauche, um mich in meiner Zufriedenheit zu zentrieren. Ich war bei einer Freundin zu Besuch und plötzlich überwältigt von der Schönheit und herrlichen Lage ihres Hauses. Das Rumoren der Unzufriedenheit in meiner Seele hatte begonnen. Ich war schon lange nicht mehr auf diesem Weg in die Unzufriedenheit gewesen; doch nun stellte ich erstaunt fest, wie steil mich dieser Weg bergab führte, sodass ich bereits nach kurzer Zeit in rasendem Tempo in den Abgrund stolperte. Nichts stimmte mehr mit meinem Leben; nichts stimmte mehr mit *mir*.

Und dabei hatte mein Morgen so harmonisch begonnen: mit einer Meditation und einem netten Besuch im wunderschönen Haus einer Freundin. Wie bin ich so plötzlich hier gelandet – voller blauer Flecken der Unzufriedenheit mit meinem ganzen Leben? Wie bin ich so schnell an diesen Punkt gekommen? Ein kurzer Moment, ein Anflug von Neid auf das schöne Zuhause eines anderen Menschen – und innerhalb einer Stunde hatte ich vergessen, dass auch ich ein schönes Haus, ein erfülltes Leben, einen gesunden, vitalen Körper und eine liebevolle Familie habe und voll leidenschaftlicher Lebensfreude bin. Ich hatte mich in einer Illusion des Mangels verloren.

Ich versuchte mir den Verlauf meines Vormittags ins Gedächtnis zurückzurufen und stieß auf ein Rätsel: Irgendwie war mir die Dankbarkeit abhandengekommen, und ich war für das Donnergrollen der Unzufriedenheit anfällig geworden. Ich hatte ein positives Denkmuster durch ein negatives ersetzt. Statt dankbar für das zu sein, was ich habe, und meiner Freundin ihr Glück zu gönnen, war ich aus dem Gefühl der Dankbarkeit in den Abgrund des Neids gerutscht.

Ich habe das Geheimnis der Dankbarkeit schon vor vielen Jahren entdeckt, als das Leben mich aus meiner Heimatstadt Kansas City in eine Kleinstadt im Osten Montanas führte. Damals praktizierte ich noch kein Yoga und hatte auch noch kein sehr dankbares Herz entwickelt; die Umstellung auf ein völlig neues Lebensumfeld fiel einem Großstadtmädchen wie mir sehr schwer. Doch aus dem tiefsten Abgrund der Verzweiflung forderte mich plötzlich eine kreative, spielerische Kraft in meinem Inneren heraus. „Lass uns das Dankeschön-Spiel spielen", raunte eine innere Stimme mir zu. Ich hatte zwar keine Ahnung, was das war, begann aber intensiv nach Hinweisen zu suchen und kleine Pausen in meinem Alltag zu finden, in denen ich dem Leben Danke sagen konnte, ohne heucheln zu müssen. Was ich dabei entdeckte, stellte meine Welt auf den Kopf. Schon bald wurde mein Schritt leichter, und nach und nach begann fast alles, ein Lächeln auf meine Lippen und Worte der Dankbarkeit in mein Herz zu zaubern. Ich war wieder lebendig, und die kleine Stadt, in der ich lebte, war bezaubernd.

Uns in Dankbarkeit zu üben, schützt uns vor unserer eigenen Kleinlichkeit und Engherzigkeit und hält uns in der Freude und Fülle unseres eigenen Lebens zentriert.

Uns in Dankbarkeit zu üben, schützt uns vor unserer eigenen Kleinlichkeit und Engherzigkeit und hält uns in der Freude und Fülle unseres eigenen Lebens zentriert. Wenn tausend Reize an uns zerren und tausend Ablenkungen uns verlocken, halten die Dankesworte, die uns über die Lippen kommen, uns fest in einem Zustand der Zufriedenheit verankert.

Zentriert bleiben

Bei den Buddhisten ist oft von der Entwicklung einer dauerhaften inneren Ruhe – einer unerschütterlichen Zentriertheit – die Rede. Wir sollen wie ein hoher Baum werden, der so fest in der Erde verwurzelt ist, dass selbst heftige Winde ihn nicht umstürzen können. Das ist für mich der Inbegriff der Zufriedenheit: nicht auf den Wellen der Höhen und Tiefen unseres Lebens zu reiten. Mit allem, was jetzt und hier ist, nicht nur einverstanden zu sein, sondern es sogar willkommen zu heißen. Inmitten des Lärms und der Anforderungen unserer heutigen Zeit in unserer ruhigen, unerschütterlichen Mitte zu bleiben. Zu dieser meisterhaften Beherrschung des Lebens lädt die Verhaltensregel der Zufriedenheit uns ein. Dankbarkeit und „Nicht-Streben" können uns helfen, in diesem Juwel verwurzelt zu bleiben.

Das Paradoxon des Nicht-Strebens

Aber Zufriedenheit (*Santosha*) ist auch ein Paradoxon: Je mehr wir danach streben oder uns wünschen, dass sie eine bestimmte Form annimmt, umso mehr entzieht sie sich uns. Ich zum Beispiel werde immer wieder mit meinen Illusionen von Zufriedenheit konfrontiert. Ich habe ein bestimmtes Bild in meinem Kopf: dass ich stets ruhig und zentriert sein werde, dass mir das Leben immer vollkommen erscheinen wird. Und ich glaube, gerade dieses Bild bringt mich immer wieder ins Stolpern und hält mich von der Zufriedenheit ab, nach der ich strebe. Denken Sie einmal darüber nach: Es ist sehr einfach, zufrieden zu sein, wenn wir uns großartig fühlen, wenn alles so läuft, wie wir es uns wünschen, und wir uns selbst gut leiden können. Aber was ist, wenn Chaos und lästige Störungen überhandnehmen, wenn wir uns langweilen oder deprimiert sind? Was dann?

Unzufriedenheit ist die Illusion, dass es im jetzigen Augenblick etwas anderes geben kann als das, was *ist*. Aber das gibt es nicht und kann es auch nicht geben. Jeder Augenblick ist vollkommen. Wenn ich mich also langweile oder traurig bin, werde ich nur dann unzufrieden sein, wenn es mir etwas *ausmacht*, gelangweilt und traurig zu sein. Also arbeiten Sie daran, auch mit Langeweile, Traurigkeit, Ungeduld, Niedergeschlagenheit, Enttäuschung und Verlusten zufrieden sein zu können! Dadurch werden Sie zu jenem hohen Baum, der so fest in der Erde verwurzelt ist, dass selbst heftige Winde ihn nicht umstürzen können. Mit unserer Unzufriedenheit zufrieden zu sein, ist ein Tor zu den ruhigen Tiefen in unserem Inneren.

Dieses Paradoxon, dass man nicht nach Zufriedenheit streben kann, ist eine Chance, dankbar für das zu sein, was wir haben. Swami Rama hat das einmal folgendermaßen formuliert: „Zufriedenheit bedeutet, sich in sein Leben zu verlieben.“ In der Geschichte *Der Zauberer von Oz* begibt Dorothy sich auf eine lange Reise, nur um zu entdecken, dass sie bereits in ihrem vorigen Umfeld zufrieden gewesen war. Oder um es mit den Worten von Swami Rama auszudrücken: Sie hatte sich in ihr Leben verliebt.

Santosha (Zufriedenheit) ist das Ausführen von Pflichten und rechten Handlungen in einer Haltung reiner Freude – die Erkenntnis, dass es nichts anderes gibt oder geben kann als den jetzigen Augenblick. Wenn wir hundertprozentig in diesem Augenblick leben, ist er vollkommen. Doch wenn wir in diesem Moment etwas tun, was der Erwartung für einen anderen Augenblick entspringt (wenn wir zum Beispiel nicht aus reiner Freude an der Bewegung trainieren, sondern um ein bestimmtes körperliches Erscheinungsbild zu entwickeln), geht das Gefühl der Zufriedenheit an uns vorbei. Wenn unser Handeln im jetzigen Augenblick vollkommen ist und wir es aus reiner Freude an der Sache selbst genießen, wird das Handeln zum Sein und das Sein zur Zufriedenheit.

> Unzufriedenheit ist die Illusion, dass es im jetzigen Augenblick etwas anderes geben kann als das, was *ist*. Aber das gibt es nicht und kann es auch nicht geben. Jeder Augenblick ist vollkommen.

Die Lektüre von Mystikern aller Traditionen inspiriert mich immer wieder. Dabei fällt mir vor allem auf, wie sehr diese Mystiker Gott lieben – egal welche Form er für sie annimmt. Sie brauchen keine Anerkennung von anderen Menschen, weil sie viel zu sehr mit ihrer Liebesaffäre mit Gott beschäftigt sind. Mystiker sind immer zufrieden. Nichts kann sie aus ihrer Zufriedenheit herausreißen, weil sie alles mit den Augen der Liebe und des ehrfürchtigen Staunens betrachten; und diese Perspektive bewahrt sie vor jeder Bedürftigkeit.

Der Zen-Meister Maezumi Roshi hat einmal gesagt: „Warum stirbst du nicht jetzt und genießt den Rest deines Lebens?“ Die Mystiker sind für ihre eigenen Bedürfnisse, Wünsche und Sehnsüchte, für alle äußeren Reize und Störungen „gestorben“ und können nun voll und ganz in der ruhigen Beschaulichkeit der Zufriedenheit leben. Sie haben gelernt, dass es an nichts mangelt; das Leben ist vollkommen, so wie es in jedem Augenblick auf uns zukommt. Wenn wir das verstehen, können wir uns in den beglückenden Zustand der Zufriedenheit fallen lassen.

Fragen zur Selbsterforschung

Wenn Sie sich von diesen Fragen durchs Leben begleiten lassen, sich Zeit zum Nachdenken nehmen und Tagebuch führen, werden Sie neue Einsichten in Ihr Leben und in die Praxis der Zufriedenheit gewinnen. Wählen Sie als Grundlage für Ihre Selbsterforschung in diesem Monat folgende Aussage von Swami Rama:

> Zufriedenheit bedeutet, sich in sein eigenes Leben zu verlieben.

Woche 1: Achten Sie in dieser Woche darauf, wann Sie sich in Gedanken schon auf die nächste Sache vorbereiten oder Zufriedenheit außerhalb Ihrer selbst suchen. Schreiben Sie Ihre Beobachtungen dazu in Ihr Tagebuch.

Woche 2: Achten Sie in dieser Woche darauf, wie viel Energie Sie investieren, um auf Dinge zuzustreben, die Ihnen Spaß machen, und Dingen aus dem Weg zu gehen, die Sie nicht mögen. Nehmen Sie dabei ein Gefühl des „Greifens" in Ihrem Körper wahr? Schreiben Sie alles auf.

Woche 3: Übernehmen Sie in dieser Woche die Verantwortung für all Ihre emotionalen Probleme. Verfolgen Sie jedes Ärgernis – alles, was Sie aufregt – bis zu sich selbst zurück. Entscheiden Sie, ob Sie in diesem emotionalen Aufruhr bleiben oder ins ruhige Zentrum Ihrer Zufriedenheit zurückkehren (oder mit Ihrem emotionalen Aufruhr zufrieden sein) wollen.

Woche 4: Üben Sie sich in dieser Woche in der Kunst der Dankbarkeit und des Nicht-Strebens. Seien Sie zufrieden mit jedem Augenblick, so wie er ist. Denken Sie über folgende Worte des Mystikers Meister Eckhart nach: „Wäre das Wort ‚Danke' das einzige Gebet, das du je sprichst, so würde es genügen."

Denken Sie in diesem Monat über die Worte von Swami Rama nach und verlieben Sie sich in Ihr Leben, so wie es ist.

TAPAS

Kannst du Mut zeigen
und im Feuer bleiben,
bis du den Segen findest?

– *Catharine Larsen*

तपस्

Kapitel 10
Tapas: Selbstdisziplin

Mein Mann hat mir erzählt, dass er auf einer großen Farm außerhalb der Stadt aufgewachsen ist. Um das Ackerland zu pflegen, führte sein Vater regelmäßig ein kontrolliertes Abbrennen durch. Mein Mann beobachtete, wie sorgfältig sein Vater sich darauf vorbereitete, indem er auf Windgeschwindigkeit, Windrichtung und die Wettervorhersage achtete, um keine unangenehmen Überraschungen zu erleben. Und dann sah mein Mann ungläubig zu, wie sein Vater den Acker mit einem Streichholz anzündete und alles in Flammen aufging. Als er noch klein war, ergab das alles keinen Sinn für ihn – vor allem, wenn er fassungslos auf die trostlosen Folgen des Brandes starrte: Alles sah verkohlt und verwüstet aus. Doch schon nach ein paar Wochen sprossen winzig kleine grüne Triebe aus dem scheinbar toten Land hervor – neues Leben und neue Schönheit –, eine Art Neuanfang. Da begann mein Mann zu verstehen, dass das Land erst einmal von Schutt und Abfall befreit werden muss, um wieder üppiges Wachstum hervorbringen zu können.

Tapas bedeutet wörtlich „Hitze" und kann mit „Katharsis", „Enthaltsamkeit", „Selbstdisziplin", „spiritueller Bemühung", „Veränderung", „Toleranz" oder „innerer Wandlung" übersetzt werden. *Tapas* will uns im Feuer der Disziplin ‚kochen', um uns in etwas anderes zu verwandeln. *Tapas* ist unser konsequentes Bemühen, zu einem charakterstarken Menschen zu werden. Ähnlich wie ein Ei durch Kochen eine andere Konsistenz annimmt, verändert auch *Tapas* unseren Charakter: Die Befolgung dieser Verhaltensregel macht uns bereit, allen Herausforderungen des Lebens standzuhalten. *Tapas* ist die tagtägliche Entscheidung, körperliche und geistige Gewohnheiten, die uns nicht guttun, zu verbrennen – auf vorübergehende Genüsse zu verzichten, um uns künftige Belohnungen zu sichern.

Tapas ist unser konsequentes Bemühen, zu einem charakterstarken Menschen zu werden.

In Indien setzen spirituelle Asketen sich manchmal äußerster Härte aus. Sie sitzen im tiefsten Winter drei Stunden lang in der Kälte – nur mit einem Lendenschurz bekleidet – und hängen ein Gefäß mit kaltem Wasser so auf, dass das Wasser auf ihre Köpfe tropft und an ihren fast nackten Körpern herunterläuft. Das praktizieren sie fünfundvierzig Tage hintereinander. In der Hitze des Sommers entfachen sie fünf kleine Feuer um sich herum und eines in einem Behälter auf ihrem Kopf und sitzen fünfundvierzig Tage lang für drei Stunden in dieser Gluthitze. All das tun diese Menschen, um sich in einem festen, unbeweglichen Zentrum zu etablieren, das durch nichts erschüttert oder gestört werden kann – auch nicht durch dic Extrcme, die unsere äußere Welt manchmal mit sich bringt. Sie üben sich darin, ruhig zu bleiben, egal was für Gedanken oder Ängste ihnen durch den Kopf gehen.

Unser Üben braucht nicht unbedingt derart extrem zu sein; doch das Beispiel dieser spirituellen Asketen kann uns schon zu einer etwas intensiven Disziplin inspirieren. Und genau wie bei einer kontrollierten Verbrennung müssen wir auch hierbei darauf achten, was möglich, was ungefährlich und was unseren jetzigen Lebensumständen angemessen ist. Wenn wir „den Wind getestet“ haben, können wir das Streichholz anzünden und unsere Faulheit und unsere egoistischen Wünsche mit freudiger Bereitwilligkeit verbrennen. Egal ob wir *Tapas* praktizieren, indem wir uns regelmäßig zum Üben auf unsere Yogamatte legen, oder immer wieder Taten selbstlosen Dienstes an der Menschheit verüben – wir schwingen uns dadurch zur nächsthöheren Version unserer selbst auf. Bereitwillig halten wir die Hitze aus, um mit unserem Leben „üppiges neues Wachstum“ zu erzeugen.

Bei dieser Verhaltensregel geht es aber nicht nur um persönliche Bemühungen, sondern auch um kathartische Zeiten fast hoffnungsloser Verzweiflung, wenn wir den Schmerz eines unerwarteten Verlusts oder einer lähmenden Krankheit oder die Wirren eines Lebens durchmachen, das völlig aus den Fugen geraten zu sein scheint. Es ist fast so, als hätte Gott genau auf die richtige Windrichtung und Windgeschwindigkeit geachtet, dann das

Feuer gelegt – und als seien wir selbst das Feld, das verbrannt wird. Und genau wie für meinen Mann, der damals beobachtete, wie sein Vater die Felder abbrannte, ergibt nichts davon in diesem Augenblick einen Sinn für uns.

Gerade Zeiten hoffnungsloser Verzweiflung formen uns zu Menschen, die innere Tiefe besitzen.

Und doch formen und gestalten uns gerade diese Zeiten zu Menschen, die innere Tiefe besitzen. Unser ganzer Schutt wird weggebrannt, und wir werden demütiger und stärker durch das Geheimnis dessen, was jenseits unserer Kontrolle oder unseres Verständnisses liegt. Gerade diese düsteren Zeiten des Schmerzes und Verlusts und der Verwirrung lassen etwas Tiefgründiges in uns entstehen. Der spirituelle Lehrer Ram Das spricht sehr beredt über dieses Juwel des *Tapas*. Als er einen Schlaganfall erlitt, der ihn sehr behinderte und mit dem er nie gerechnet hatte, entdeckte er darin eine neue Chance für sich und andere Menschen, und begann mit den Auswirkungen und Chancen des Alterungsprozesses zu ringen. Er bezeichnete seine Erfahrung lieber als „von Gott gestreichelt werden“, statt von einem Schlaganfall zu sprechen. Und für dieses Verbranntwerden vom Feuer der göttlichen Liebe prägte er den Begriff „feurige Gnade“.

Es gibt einen Autoaufkleber, auf dem steht: „Es gibt nichts Schlimmeres, als eine Krise zu vergeuden.“ Auch wenn wir noch so sehr darüber schmunzeln mögen – an dieser Aussage ist tatsächlich etwas Wahres dran. *Tapas* kann uns an einen Punkt bringen, an dem all unsere Ressourcen aufgebraucht sind, uns alle sogenannten „Requisiten“ weggenommen wurden und es nichts mehr gibt außer Schwäche. Und gerade in diesem öden, unfruchtbaren Land, in dem sich alles, was wir haben oder sind, erschöpft hat, wird neue Kraft und neuer Charakter geboren, wenn wir uns furchtlos für diese Erfahrung öffnen. Vielleicht ist das sogar das größte Geschenk, das das Leben uns machen kann.

Charlene Westerman hat recht, wenn sie über die Gefahren und Möglichkeiten der Katharsis sagt, dass wir in diesen Zeiten zwei Möglichkeiten haben: zusammenzubrechen oder *auf*zubrechen. Wir können solchen Lebensphasen nicht entgehen und wissen auch nicht, in welcher Form sie zu uns kommen oder wie sie am Ende ausgehen werden; doch wir können uns darauf vorbereiten – und zwar durch unsere tägliche Praxis, durch die kleinen Entscheidungen, die wir tagtäglich treffen, und indem wir die Fähigkeit entwickeln, im Unangenehmen zu verharren.

Tapas als tägliche Praxis

Als ich am Ufer des Lake Sacajawea lebte, war mir jede Menge Zeit vergönnt: Ich machte kilometerlange Spaziergänge, die versprachen, dass ich dabei keiner Menschenseele begegnen würde. Eines Tages stieß ich dabei auf einen großen Blaureiher-Nistplatz am Ufer des Sees, den ich von da an immer wieder besuchte, bis die Reiher mich irgendwann als Teil der Natur akzeptierten: Eines Tages „gehörte ich einfach dazu“. Ich beobachtete, wie sie ihre Eier legten und ausbrüteten; wie die kleinen Küken sich den Weg aus dem Zuhause ihrer Schalen bahnten, das inzwischen zum Gefängnis geworden war; und wie diese neugeborenen Vögel liebevoll umsorgt und gefüttert wurden. Ich sah zu, wie sie heranwuchsen und irgendwann nicht mehr wie Wollknäuel, sondern mehr wie Reiher aussahen. Und dann kam der Tag, an dem ich ihre Flugstunden miterleben durfte.

Bis dahin war mir noch nie in den Sinn gekommen, dass ein Vogel nicht automatisch weiß, wie man fliegt. Was ich jetzt beobachtete, war eine Komödie der Irrungen: Strategisch klug flogen die Eltern ein Stück (aber nicht zu weit) weg und ließen ihre Kleinen scheinbar unbeaufsichtigt, damit sie selbst den richtigen Dreh des Fliegens finden konnten. Ich beobachtete, wie die Mutigeren unter ihnen nach und nach ihre Flügel erprobten und anfingen, ein paar Zentimeter über ihrem Nest herumzuflattern – und wie sie dann allmählich immer mehr Mut fassten, das Nest verließen, sich spielerisch dem Wind anvertrauten und den Landeanflug übten. Ich beobachtete, wie sie einen Versuch nach dem anderen unternahmen, in ihrem Nest zu landen, und sich dabei doch immer wieder verschätzten. Ups! Ich glaube, ich habe noch nie in meinem Leben so sehr gelacht und war auch noch nie so berührt wie von dieser Schönheit des Fliegenlernens.

Wir sollten uns fragen: Wofür üben wir? Wann haben Sie sich diese Frage das letzte Mal gestellt?

Irgendwann in unserem Leben vergessen wir, dass auch wir das Laufen erst lernen mussten, so wie diese jungen Vögel das Fliegen lernen müssen. Wir vergessen, wie oft wir hingefallen sind, und dass man für alles Übung braucht. Als Ray Charles bereits ein erfolgreicher Musiker war, fragte man ihn, ob er eigentlich immer noch übe und sich auf Konzerte vorbereite. Er antwortete, dass er jeden Tag Tonleitern spiele – denn wenn er die Tonleitern in den Fingern habe, könne er alles spielen. Wir sollten uns fragen: Wofür üben wir? Wann haben Sie sich diese Frage das letzte Mal gestellt?

Unsere Enkelin Tiana wusste schon im Alter von drei Jahren, dass sie eines Tages als Sängerin und Tänzerin auf der Bühne stehen wollte. Sie verzichtete auf alle möglichen Kindervergnügen, um stundenlang zu üben und die Worte, Gesten und Tanzschritte ihrer Lieblingssängerin nachzuahmen. Und dann begeisterte sie uns eines Tages, indem sie uns eine perfekte Nummer vorführte. Tiana wusste, dass man sich im Jetzt anstrengen muss, um in der Zukunft etwas zu werden.

Im Yoga bezeichnet man diese tägliche disziplinierte Praxis als *Sadhana.** Das ist so etwas Ähnliches, wie wenn wir eine kleine kontrollierte Verbrennung an uns selbst durchführen würden – die Disziplin, uns in Situationen zu begeben, in denen der alte Schutt, der sich in uns angesammelt hat, weggebrannt werden kann. Auf einen solchen Prozess lassen wir uns zum Beispiel ein, wenn wir darauf achten, welche und wie viel Nahrung wir zu uns nehmen; wenn wir unseren Körper durch Spaziergänge, Yoga und andere Aktivitäten trainieren; wenn wir unsere geistigen Fähigkeiten erweitern oder mit Gleichgesinnten die Schriften studieren. Durch diesen Prozess befreien wir uns nach und nach von unerwünschten Pfunden, faulen Lebensgewohnheiten, einem untrainierten Herzen und Körper

* *Sadhana* bedeutet „spirituelle Disziplin“ und umfasst einen Doppelaspekt – dass nämlich die Disziplin selbst die Erfüllung ist. So wie ein Wassertropfen mit der Zeit einen Stein aushöhlt, bringt eine über längere Zeit konsequent durchgehaltene Praxis uns Veränderung und Erfüllung. *Sadhana* ist die Konsequenz unserer täglichen Praxis.

und einem abgestandenen Geist: Wir beginnen auf unsere Seele zu hören. Pattabhi Jois hat das folgendermaßen ausgedrückt: „Übe – alles andere kommt von selbst."

Der heilige Franz von Assisi spricht in seinem bekannten Gebet sehr beredt von den Möglichkeiten der inneren Wandlung, die jedem Menschen offenstehen:

> Herr, mach mich zu einem Werkzeug deines Friedens,
> dass ich liebe, wo man hasst;
> dass ich verzeihe, wo man beleidigt;
> dass ich Glauben bringe, wo Zweifel droht;
> dass ich Hoffnung wecke, wo Verzweiflung quält;
> dass ich Licht entzünde, wo Finsternis regiert;
> dass ich Freude bringe, wo der Kummer wohnt.

Tapas als Durchhaltevermögen

Eine meiner Lieblingsgeschichten aus der Bibel ist die, in der Jakob mit dem Engel ringt.* Jakob hatte einen schlechten Tag gehabt. Eigentlich hatte er sogar schon eine ganze Reihe von schlechten Tagen hinter sich, seit er seinen Bruder um sein Erstgeburtsrecht betrogen hatte: Er hatte von zu Hause fliehen und Zuflucht bei seinem Onkel Laban suchen müssen. Nach vielen Jahren kehrte Jakob mit Frau, Kindern und Vieh nach Hause zurück. Als er sich seiner Heimat näherte, sah er in der Ferne seinen Bruder mit einer Schar von Kriegern auf sich zukommen. Das war der Bruder, den er betrogen hatte und mit dem er zerstritten war. Er wusste, was ihm jetzt bevorstand und dass das nicht sehr schön sein würde.

* Diese Geschichte wird in der Bibel als „Jakob ringt mit dem Engel" bezeichnet, obwohl wir eigentlich nicht genau wissen, was das für ein Wesen war.

Und wie es mit schlechten Tagen meistens so ist: Jakobs Tag wurde noch schlimmer. Er hatte allein am Ufer eines Bachs sein Lager aufgeschlagen, als plötzlich ein Fremder auftauchte und anfing, mit ihm zu kämpfen. Man kann Jakob fast seufzen hören: „O Gott, was kommt denn *jetzt noch*?" Doch ihm blieb nichts anderes übrig, als sich zu wehren, und der Kampf, in dem scheinbar keiner der beiden Gegner unterlegen war, dauerte bis zum Tagesanbruch. Stellen Sie sich Jakobs Erschöpfung vor – und er hatte doch weiß Gott schon genug Probleme.

In der Morgendämmerung wendete sich das Blatt, und Jakob erkannte, mit was für einem Gegner er es zu tun hatte: Es war jemand von großer Macht und Stärke, der bisher offenbar nur mit Jakob gespielt hatte. Als Jakob das klar wurde, tat er etwas ganz Erstaunliches: Statt ängstlich zurückzuweichen und um sein Leben zu rennen, hielt er das unbekannte Wesen fest und bat es um einen Segen – und das, obwohl er sich über dessen ungeheure Kraft im Klaren war. Und das Wesen, das die ganze Nacht mit Jakob gerungen hatte, gab ihm den gewünschten Segen. Jakob, der in diesem Augenblick von dem Wesen umgetauft wurde und den Namen „Israel"* erhielt, wurde später ein großer Mann: der Führer einer großen Nation, die auf der Welt eine wichtige Rolle spielte.

Der biblische Text ist an dieser Stelle ziemlich vage. Zu jenem Zeitpunkt wusste Jakob nicht, mit wem er kämpfte, und wir wissen es auch nicht. Ist es ein Mensch, ein Engel, ein übernatürliches Wesen, Gott, Satan? Doch ohne zu wissen, wer oder was ihn in seiner Gewalt hat, hält Jakob so lange durch, bis er weiß, dass er durch diese Begegnung gesegnet wird.

* Der Name Israel bedeutet „einer, der mit Gott und Mensch gerungen und gesiegt hat".

Nur allzu oft wissen auch wir eigentlich nicht, *was* uns im Griff hat; es erscheint uns einfach nur dunkel und überwältigend. Können wir in solchen Zeiten, in denen wir nicht wissen, wie wir die nächste Minute einer Situation überstehen sollen, die uns unbekannt und übermächtig erscheint, genau wie Jakob einfach *festhalten*? An dieser Sache festhalten, die uns im Griff hat, den Griff erwidern und erst dann loslassen, wenn wir dadurch auf irgendeine Weise gesegnet worden sind? Können wir die Fähigkeit entwickeln, im Feuer zu verharren und uns verbrennen zu lassen, bis wir von dem Erlebnis gesegnet werden, das uns diesen Schmerz und dieses Leid verursacht?

Können wir in Zeiten, in denen wir nicht wissen, wie wir die nächste Minute einer Situation überstehen sollen, die uns unbekannt und übermächtig erscheint, genau wie Jakob einfach *festhalten*? An dieser Sache festhalten, die uns im Griff hat, den Griff erwidern und erst dann loslassen, wenn wir dadurch auf irgendeine Weise gesegnet worden sind?

Doch Jakob verlässt den Schauplatz dieses Ringkampfs nicht nur mit einem Segen. Während des Kampfes hat das Wesen Jakob die Hüfte ausgekugelt, sodass er für den Rest seines Lebens humpeln muss. Katharsis lässt uns weder unberührt noch unversehrt: Dabei tragen wir nicht nur einen Segen, sondern auch eine Verletzung davon.

Der heilige Johannes vom Kreuz vermittelt uns in seiner Abhandlung „Die dunkle Nacht der Seele“ sehr bedeutsame Erkenntnisse über das Juwel des *Tapas*. Johannes kannte die Grausamkeit der Katharsis, denn er wurde wegen seiner liberalen Ansichten in einem Kloster eingekerkert, von seinen Mitmönchen misshandelt und durchlitt äußerste Entbehrungen. In seinen Schriften beschreibt er den Prozess der inneren Wandlung durch das Feuer am Beispiel eines Holzscheites, das in die Flammen geworfen wird: Zunächst hat dieses Scheit überhaupt keine Ähnlichkeit mit dem Feuer; und wenn es außen nicht ganz rein ist, stinkt es beim Brennen zunächst. Doch mit der Zeit beginnt das Holzscheit immer mehr wie Feuer auszusehen und wird schließlich selbst zu Feuer.

Genau wie Jakob kannte der heilige Johannes vom Kreuz sowohl den Segen als auch das danach zurückbleibende „Hinken“; denn nach seinem grausamen Erlebnis wurde er für den Rest seines Lebens von Krankheiten geplagt. Doch gleichzeitig führte es dazu, dass er von da an in ständiger Zwiesprache mit dem Göttlichen stand; denn seine dunkle Nacht der Katharsis hatte ihn in die Arme Gottes emporgehoben. *Tapas* bedeutet, dass wir die Fähigkeit entwickeln sollen, im Unbekannten und Unangenehmen zu verharren, statt Angst zu bekommen und davonzulaufen. Es ist die Bereitschaft, uns sowohl verbrennen als auch segnen zu lassen.

Tapas ist die Bereitschaft, uns sowohl verbrennen als auch segnen zu lassen.

Tapas als Entscheidung

Eine Freundin erzählte mir, wie sie nach acht Jahren aus einer beruflichen Partnerschaft ausstieg. Um dieselbe Zeit wechselte sie auch ihren Beruf und zog in eine neue Stadt; es war eine Lebensphase voller beängstigender Veränderungen für sie. „Anfangs besaß ich noch nicht die innere Klarheit, die sich später bei mir einstellte", schreibt sie dazu. „In der ersten Zeit konnte ich weder atmen noch essen. Ich litt unter beklemmenden Ängsten und einem Gefühl innerer Erstarrung und musste erst mal etwas finden, das mir half, mich durch diese intensiven Emotionen durchzukämpfen. Mein Partner machte eine ähnliche Veränderung durch: Auch er begann eine neue berufliche Karriere und zog in eine neue Stadt. Auch er musste etwas finden, um die intensiven Gefühle zu bewältigen, die diese Veränderung in ihm auslöste. Ich fand damals zum Yoga, praktizierte es sehr intensiv und machte zweihundert Sit-ups pro Tag. Er entschied sich stattdessen für Trinken, Rauchen und Sex mit wechselnden Partnerinnen. Am Ende dieses Jahres hatte unser Verhalten zu sehr unterschiedlichen Resultaten geführt: Ich besaß diese stille Kraft, die sich anfühlte, als komme sie aus dem Kern meines Wesens; er

> Jede Krise ist ein Versprechen: Sie verspricht, uns abzuholen und auf der anderen Seite unseres Problems wieder abzusetzen. Wollen wir auf diesen Prozess vertrauen oder uns davor verstecken?

dagegen war innerlich zerrissen, erschöpft und verlor immer mehr die Kontrolle über sein Leben."

In der obigen Geschichte geht es um die Entscheidungen, die wir treffen – in Krisensituationen und auch in unserem ganz normalen Leben. Wenn wir uns – wie meine Freundin – dafür entscheiden können, unsere innere Tiefe zu stärken, statt Eigenmedikation zu betreiben und vor unseren Problemen davonzulaufen, finden wir uns in einem Land neuer Möglichkeiten wieder. Ähnlich wie in jenen turbulenten Teenagerjahren, in denen das Leben die schwierige Aufgabe hat, uns von der Kindheit zum Erwachsensein zu bringen, ist jede Krise ein Versprechen: Sie verspricht, uns abzuholen und auf der anderen Seite unseres Problems wieder abzusetzen. Wollen wir auf diesen Prozess vertrauen oder uns davor verstecken?

Jeder Augenblick bietet uns die Chance, eine klare Entscheidung für das richtige Handeln zu treffen. Und oft sind die Entscheidungen, die uns auf das Feuer vorbereiten, unbequem: Sie bringen kein sofortiges Vergnügen, keine unmittelbare Befriedigung. Doch wenn wir auf unsere innere Stimme hören und uns dem Unbekannten, Unangenehmen und oft auch dem großen Kummer und Schmerz hingeben, bereiten wir uns darauf vor, von *Tapas* zu lernen und gesegnet zu werden.

Diese Selbstdisziplin wird uns zu einem Menschen von großer innerer Tiefe formen, wenn wir es zulassen. Können wir die Hitze aushalten, können wir uns vom Feuer in unsere Bestandteile zerlegen und für immer verändern lassen? Können wir uns durch unsere spirituelle Praxis, unser Durchhaltevermögen und unsere täglichen Entscheidungen auf diesen Prozess vorbereiten? Können wir uns in einer Haltung der Integrität vom Feuer verbrennen lassen? Und können wir das so lange durchhalten, bis wir gesegnet werden?

Fragen zur Selbsterforschung

Wenn Sie sich von diesen Fragen durchs Leben begleiten lassen, sich Zeit zum Nachdenken nehmen und Tagebuch führen, werden Sie neue Einsichten in Ihr Leben und in die Praxis der Selbstdisziplin gewinnen. Wählen Sie als Basis für Ihre Selbsterforschung in diesem Monat folgende Aussage des Mystikers Rumi:

> Wenn du ein Freund Gottes bist,
> so ist das Feuer dein Wasser.
> Hunderttausend Paar Mottenflügel
> sollst du dir wünschen,
> damit du sie dir wegbrennen kannst –
> jede Nacht ein Paar.
> Die Motte sieht Licht und fliegt ins Feuer.
> Du sollst Feuer sehen
> und zum Licht gehen.
> Feuer ist das Weltverzehrende an Gott.

Woche 1: Erinnern Sie sich an Zeiten der Katharsis in Ihrem Leben und denken Sie darüber nach, wie diese Zeiten Sie geprägt haben. Denken Sie an Situationen zurück, in denen Sie vielleicht vor dem Schmerz davongelaufen sind, und an andere, in denen Sie furchtlos im Feuer ausharrten, um gesegnet zu werden.

Woche 2: Nehmen Sie sich in dieser Woche eine Praxis vor, die sich auf die Qualität Ihres innersten Wesens auswirkt: gesunde Ernährung, Meditation, Kontemplation oder etwas anderes, das Sie anspricht. Können Sie sich mit Begeisterung der Hitze aussetzen?

Woche 3: Üben Sie in dieser Woche, „eine Minute länger“ in allem Unangenehmem zu verharren, das Ihnen begegnet. Können Sie die Hitze des Unangenehmen aushalten? Können Sie ruhig zulassen, dass sie nach und nach all Ihre Werturteile, Meinungen und Erwartungen wegbrennt?

Woche 4: Achten Sie in dieser Woche einmal genau auf Ihre täglichen Entscheidungen. Sind diese Entscheidungen von Schwäche und Sich-gehen-Lassen gekennzeichnet, oder geben sie Ihnen Kraft und stärken Ihren Charakter? Hören Sie auf Ihre innere Stimme und treffen Sie Entscheidungen, die Sie auf die Hitze des Lebens vorbereiten.

Denken Sie in diesem Monat über die Worte von Rumi nach und heißen Sie die Hitze in Ihrem Leben willkommen.

SVADHYAYA

Kenne dich selbst so gut,
dass du in deine Ganzheit und Größe
hineinwachsen kannst.

– *Catharine Larsen*

स्वाध्याय

Kapitel 11

Svadhyaya: Selbststudium

Als mein älterer Bruder und ich noch auf die Grundschule gingen, wurde uns klar, dass unser Vater eigentlich jedes Jahr um sein Weihnachtsfest betrogen wurde: Denn in den Geschenken, die er bekam, spiegelte sich nicht die Liebe wider, die wir für ihn empfanden. Wir beschlossen, etwas dagegen zu tun, und sparten ein Jahr lang das ganze Geld, das wir uns mit Babysitting verdient oder geschenkt bekommen hatten – bis zur Weihnachtszeit. Dann ließen wir uns von unserer Mutter zu einem Schmuckgeschäft fahren und kauften unserem Vater den schönsten Diamantring, den wir uns leisten konnten. Wir waren ganz begeistert von uns selbst.

Wieder zu Hause angelangt, kamen wir auf die Idee, dass so ein schönes Geschenk auch eine besondere Verpackung verdient. Also besorgten wir uns mehrere Kartons – genauer gesagt: sieben –, legten den Diamantring zunächst in den Originalkarton, dann in den nächstgrößeren und wieder in den nächstgrößeren Karton, bis zum Schluss nur noch eine ganz große Schachtel übrig war. In diese verpackten wir unser Geschenk und legten es unter den Baum, damit unser Vater sich beim Auspacken lange genug fragen konnte, was sich wohl in dieser riesigen Schachtel verbarg.

Als dann das Weihnachtsfest kam, waren mein Bruder und ich außer uns vor Aufregung. Denn das war der Tag, an dem unser Vater sein besonderes Geschenk bekommen würde, für das wir das ganze Jahr gespart hatten. Er packte die große Schachtel aus, nur um darin einen weiteren Karton zu finden – und dann noch einen und noch einen. Bald kam unser Vater auf die Idee, dass wir ihm wohl nur einen dummen Streich spielen wollten: Also machte er den Spaß mit und tat, als sei er ärgerlich und erfreut zugleich. Bei der letzten Schachtel war er überzeugt davon, dass auch darin kein Geschenk mehr auf ihn wartete. Aber er hatte sich getäuscht! Ich glaube, mein Bruder und ich werden den Gesichtsausdruck, mit dem er diesen wunderschönen, funkelnden, mit der Liebe zweier ihn anbetender Kinder gekauften Diamantring auspackte, nie wieder vergessen.

Die Yogis lehren, dass wir Menschen ähnlich verpackt sind wie dieser Diamantring. Im Kern unseres Wesens sind wir göttliches Bewusstsein. Um dieses reine Bewusstsein herum liegen die „Schachteln" unserer Erfahrungen, Konditionierungen und Glaubenssysteme: die Dinge, mit denen wir uns identifizieren, die wir für wahr halten, unsere Vorlieben und Abneigungen, Ängste und Fantasien. All diese Schachteln sind von unserem Heimatland, unserer Kultur, unserem Geschlecht, unseren Vorfahren, unserer Familiengeschichte und der Stadt geprägt, in der wir leben – von den Erfahrungen, die wir gemacht haben, und den Gruppen, denen wir angehören.

Diese Verpackung wird in einer Geschichte aus dem östlichen Kulturkreis sehr gut beschrieben. Gott hatte wohl gerade die Menschen erschaffen. Als er erkannte, dass er* einen schrecklichen Fehler begangen hatte, berief er einen Rat der Ältesten ein, um sie um Hilfe zu bitten. Als die Ältesten versammelt waren, berichtete Gott ihnen: „Ich habe gerade Menschen erschaffen, und jetzt weiß ich nicht, was ich tun soll. Sie werden immer mit mir reden und dauernd irgendetwas von mir wollen, und ich werde nie wieder zur Ruhe kommen.“ Als die Ältesten von Gottes Dilemma hörten, machten sie ihm verschiedene Vorschläge: Er könne sich doch auf dem Mount Everest, auf dem Mond oder tief im Inneren in der Erde verstecken. Doch all diese Vorschläge machten Gott keine Hoffnung; er sagte immer nur: „Nein, die Menschen sind einfallsreich; irgendwann werden sie mich auch dort finden.“ Schließlich flüsterte einer der Ältesten

> Bei *Svadhyaya* (Selbststudium) geht es darum, unsere wahre Identität als etwas Göttliches und die ‚Schachteln' um uns herum als äußere Hüllen zu erkennen. Dieser Prozess der Erkenntnis unserer selbst und der Schachteln, die uns umhüllen, bahnt uns einen Weg in die Freiheit.

* Aus östlicher Sicht ist Gott als „Wesen“ männlichen Geschlechts, während Gott als „Handelnder“ dem weiblichen Geschlecht zugeordnet wird.

Gott etwas ins Ohr. Da rief Gott erfreut: „Das ist die Lösung! Ich werde mich im Inneren eines jeden Menschen verstecken; dort werden sie mich niemals finden!"

Die Yogis sagen, dass wir leiden, weil wir vergessen haben, wer wir sind. Wir identifizieren uns mit den Schachteln, in die wir eingehüllt sind, und vergessen, dass wir in Wirklichkeit das Göttliche sind, das sich darin „versteckt". Bei *Svadhyaya* (Selbststudium) geht es darum, unsere wahre Identität als etwas Göttliches und die Schachteln um uns herum als äußere Hüllen zu erkennen. Hinweise auf diese Hüllen finden wir, indem wir auf unsere Projektionen achten, unsere Reaktionen bis zu unseren inneren Überzeugungen zurückverfolgen und den Mut haben, das Leben so zu sehen, wie es ist. Dieser Prozess der Erkenntnis unserer selbst und der Schachteln, die uns umhüllen, bahnt uns einen Weg in die Freiheit. Die Fähigkeit, uns nicht mehr mit unserem Ego (unseren „Schachteln") zu identifizieren, sondern unsere wahre Identität – das Göttliche – zu erkennen, ist das Schöne am Juwel des Selbststudiums.

Projektionen

Machen Sie einmal folgendes Experiment: Schreiben Sie, ohne vorher nachzudenken, schnell die ersten fünf Dinge auf, die Ihnen in den Sinn kommen und die die Welt so beschreiben, wie Sie sie sehen. Und dann lesen Sie sich diese Beschreibungen noch einmal durch. Jede Aussage, die Sie über die Welt getroffen haben, verrät Ihnen mehr über sich selbst als über die Welt. Diese Aussagen sind Hinweise darauf, wie Sie Ihre Überzeugungen, sich selbst und Ihr Leben strukturieren. Jede Bemerkung, die Sie über die Welt, einen anderen Menschen, ein Ereignis oder das Leben machen, ist eine Projektion Ihrer selbst und ein Hinweis darauf, wie Ihre innere Landschaft aussieht. Dic Welt ist Ihre Autobiografie.

Kehren wir noch einmal zu den alten Kung-Fu-Folgen zurück. Als Caine – von seinem Meister liebevoll „Grashüpfer" genannt – als kleiner Junge im Kloster lebt, beobachtet der Meister ihn einmal dabei, wie er den Fischen beim Herumschwimmen in einem kleinen Teich zusieht. „Wie viele Fische sind es?", fragt der Meister ihn, und Grashüpfer antwortet: „Zwölf, Meister." „Gut", antwortet der Meister, „und wie viele Teiche gibt es?" Etwas verwirrt von dieser scheinbar so einfachen Frage, antwortet Grashüpfer: „Einen, Meister." „Nein", widerspricht der Meister, „es sind zwölf Teiche. Zwölf Fische – zwölf Teiche." In der oben beschriebenen Übung hätten wir fünfhundert Menschen, die in einem Raum sitzen, bitten können, das Experiment zu machen, und ihre Beschreibungen der Welt wären alle unterschiedlich ausgefallen, weil jeder Mensch dabei Teile seiner individuellen Persönlichkeit beschrieben hätte. Fünfhundert Menschen – fünfhundert verschiedene Welten.

Die Welt und unsere Mitmenschen reflektieren uns einfach nur das, was wir sehen, und nicht das, was *ist* – als gäbe es überall, wohin wir schauen, nur Spiegel, die uns Bilder von uns selbst zeigen. Wir können nichts an einem anderen Menschen oder an der Welt lieben oder hassen, was nicht vorher schon in uns war. Die Welt spiegelt Ihnen das wider, was Sie sehen. Diese Wahrheit können Sie mithilfe eines Experiments überprüfen – nämlich, indem Sie Ihre Geschichte über das, was Sie sehen, ändern: Dann wird sich auch die Welt verändern, und zwar so, dass sie zu der Geschichte passt, die Sie gerade erzählen.

> Wir können nichts an einem anderen Menschen oder an der Welt lieben oder hassen, was nicht vorher schon in uns war.

Die Buddhisten sagen, dass das Universum stirbt, wenn *Sie* sterben, weil Sie sich Ihre eigene kleine Welt der Realität geschaffen haben. Wenn Sie anfangen, Ihre inneren Dialoge über den jetzigen Augenblick, einen anderen Menschen, sich selbst und das Leben regelmäßig zu beobachten, erhalten Sie Hinweise auf die „Schachteln", in die Sie sich eingepackt haben und die Ihr eigenes kleines Universum erschaffen. All diese Aussagen sind Projektionen von Teilen Ihrer selbst, die Sie lieben, nicht lieben, nicht sehen oder noch nicht akzeptieren können.

Alles bis zu seinem Ursprung zurückverfolgen

Normalerweise fallen unsere Überzeugungen oder Konditionierungen uns gar nicht auf – es sei denn, es entsteht irgendwo eine Disharmonie. Solche Disharmonien sind eine Chance für uns, alles, was wir über den jetzigen Augenblick sagen, zu seinem Ursprung zurückzuverfolgen; und dieser Ursprung liegt stets in irgendeiner bewussten oder unbewussten Überzeugung. Wenn wir jede Disharmonie bis zu unserem eigenen Ich zurückverfolgen, können wir uns von einer der Schachteln befreien, die uns umhüllen.

Ich zum Beispiel komme aus einer Familie, in der wir Geschwister uns nicht streiten durften. In unserer Familie hatte Liebe einen hohen Stellenwert, und Liebe bedeutete: kein Streit. Dieses Glaubenssystem habe ich unbewusst in mein Erwachsenenalter mitgenommen: Immer wenn ich Leute miteinander streiten sah, beurteilte ich das als falsch und interpretierte es als Zeichen dafür, dass zwischen diesen Menschen keine Liebe herrschte. Dadurch, dass ich mein Urteil über das Streiten genau analysierte, konnte ich es bis zu diesem Kindheitsglauben zurückverfolgen und begann zu verstehen, dass manche Menschen einander ihre Liebe zeigen, indem sie sich streiten, und dass das nicht unbedingt ‚falsch' sein muss. Ich begriff, dass Menschen sich ihre Liebe und Zuneigung auf unterschiedliche Weise zeigen. Dadurch lernte ich etwas Neues über die Liebe, statt in dem Glauben verhaftet zu bleiben, dass Liebe unbedingt immer „Nicht-Streiten" bedeuten muss.

Vor einiger Zeit war ich in einem Retreat-Zentrum, in dem die Besucher ihre Schuhe an der Tür abstellten. Als ich in einer Pause vor die Tür ging, um meine Schuhe anzuziehen, waren sie verschwunden. Kurze Zeit später entdeckte ich sie an den Füßen einer anderen Frau und war nicht sehr erfreut über diesen Anblick. Ich wusste, dass es mir eigentlich egal war, ob sie meine Schuhe trug; also begann ich in Gedanken zurückzuverfolgen, was mich daran störte. Da wurde mir klar, dass ich verärgert war, weil sie nicht höflich darum gebeten hatte, meine Schuhe an-

> Ich ärgerte mich, weil sie nicht das getan hatte, was nach meinem Glaubenssystem „richtig" war.

ziehen zu dürfen. In meiner Kindheit war es Pflicht gewesen, „Bitte" und „Danke" zu sagen, wenn man sich etwas nahm; wer das vergaß, wurde bestraft. Es war eine interessante Entdeckung für mich, dass ich mich nicht daran störte, dass diese Frau meine Schuhe trug; ich ärgerte mich nur, weil sie nicht das getan hatte, was nach meinem Glaubenssystem „richtig" war. An diesem Vorfall konnte ich die Macht meiner ungeprüften Glaubenssätze erkennen.

Unsere Konditionierung und unsere Überzeugungen entstehen schon in früher Kindheit. Kürzlich beobachtete ich eine Gruppe kleiner Kinder, die aus dem Schulgebäude in die Pause strömten, und hörte ein Kind schreien: „Endlich frei!" Ich musste lachen, fragte mich aber trotzdem, wie sich das Glaubenssystem dieses Kindes weiterentwickeln und den Rest seines Lebens beeinflussen würde. Wir lernen schon sehr früh, uns an kulturellen Normen zu orientieren und die Art und Weise zu akzeptieren, wie bestimmte Dinge in unserer Familie gehandhabt werden. Mit der Zeit entstehen immer mehr solche Konditionierungen; sie dringen tief in unser Inneres ein und formen Teile unserer Identität. Wenn dann auch noch unsere Reaktionen auf eigene Lebenserfahrungen hinzukommen, werden wir fein säuberlich in verschiedene Kartonschichten verpackt.

Wenn wir mit einer Disharmonie konfrontiert werden, neigen wir dazu, die Schuld auf irgendetwas zu schieben, was außerhalb von uns liegt, und unser eigenes Denken oder Fühlen zu rechtfertigen. Sind wir stattdessen mutig genug, die Disharmonie bis zu uns selbst zurückzuverfolgen, können wir anfangen, uns aus unseren Kisten auszupacken. Das eröffnet uns eine enorme Freiheit, die uns unserem wahren Wesen näherbringt. Durch dieses „Zurückverfolgen“ kommen wir unseren Glaubenssystemen zum Thema „Sollen“, „Müssen“, „Falsch“ und „Richtig“ auf die Spur.

Anthony de Mello nennt diese Glaubenssysteme „Realitätsmodelle“ und sagt dazu: „Wir sind glücklich, wenn Menschen/Dinge diesen Modellen entsprechen, und unglücklich, wenn sie es nicht tun. Nicht Menschen oder Ereignisse enttäuschen uns, sondern unsere Realitätsmodelle. Mein Realitätsmodell ist der Faktor, der über mein Glück oder meine Enttäuschungen entscheidet.“ Es ist, als würden wir uns in die verschiedenen Schachteln unserer Glaubenssysteme und Konditionierungen einpacken und dann – sobald etwas nicht mit unserem System übereinstimmt – mit aller Kraft darum kämpfen, unser eigenes System zu rechtfertigen, statt uns von unserer „Schachtel“ zu befreien. De Mellos Botschaft lautet, dass es genauso sinnlos ist, um die Aufrechterhaltung unseres Glaubenssystems zu kämpfen, wie wenn mein Vater sein Weihnachtsgeschenk lieber eingepackt gelassen hätte, statt es zu öffnen und das Geschenk zu sehen, das ihn im Inneren dieser Verpackung erwartete.

Wie ein Geschenk, das darauf wartet, geöffnet zu werden, ist jedes Ereignis, mit dem das Leben uns konfrontiert, eine wertvolle Gelegenheit, die Wahrheit über die Schachteln zu erfahren, in die wir uns selbst verpackt haben. Und gerade die Menschen, die wir „nicht ausstehen können“, und all die Störungen und Unterbrechungen, die uns „verrückt machen“, bergen in dieser Hinsicht das größte Potenzial für uns. Anthony de Mello drückt das so aus: „Jedes Mal, wenn mich etwas stört, stimmt mit mir etwas nicht. Ich war nicht darauf vorbereitet, was eintraf; ich stand nicht im Einklang mit den Dingen; ich habe mich gegen irgendetwas gewehrt. Und wenn ich dahinterkomme, was dieses Etwas ist, wird diese Entdeckung mir den Weg zu spirituellen Fortschritten eröffnen."

Wir dürfen keine Angst davor haben, hinzuschauen

Wir müssen unsere Augen und Herzen weit öffnen und jede Disharmonie, die wir erleben, genau untersuchen. Während ich dies schreibe, hat sich wieder einmal ein Schulmassaker ereignet, und zwar das blutigste, das wir bisher erlebt haben. Die Welt ist voller Schmerz, Leid und Gräueltaten. Doch wenn ich auf mein Leben zurückblicke, sind es gerade die Bilder von hungernden Kindern in Afrika, das Gemetzel im Vietnamkrieg oder der Verlust der Hoffnung im Gesicht einer nicaraguanischen Mutter, die mein Herz geformt und mich zu barmherzigem Handeln bewegt haben. Wenn wir diese Bilder und Realitäten vor uns verbergen, wie kann unser Herz dann wachsen? Wenn wir die Augen verschließen, ruht unser Leben auf einem falschen Fundament. Wir dürfen keine Angst davor haben, hinzuschauen.

> Wir müssen unsere Augen und Herzen weit öffnen und jede Disharmonie, die wir erleben, genau untersuchen.

Bei meinen Reisen durch Länder der Dritten Welt ist mir aufgefallen, wie wenig dort versteckt wird. Dort werden die Alten, Kranken, Sterbenden und Hungernden nicht weggesperrt wie hierzulande. Die Verhaltensregel des *Svadhyaya* fordert uns dazu auf, das Gleiche bei uns selbst zu tun: unsere unangenehmen Eigenschaften nicht vor uns selbst wegzusperren, sondern sie mit Güte und Mitgefühl zu tragen in dem Wissen, dass Gott auch dort lebt.

Ich erinnere mich noch daran, wie Gandhi einmal von einem Reporter interviewt wurde, der ihn fragte, ob er auch manchmal wütend und empört über seine Unterdrücker sei. In ernstem Ton antwortete Gandhi, dass er das nicht sei, weil er wisse, was er in seinem eigenen Inneren so alles mit sich herumtrage. Er hatte keine Angst davor, das ganze Spektrum seiner eigenen Emotionen zu betrachten; und dank dieser Furchtlosigkeit, mit der er seinem wahren Wesen ins Auge sah, konnte er einen Mut aufbringen, der in Freundlichkeit und Mitgefühl wurzelte. Gandhi wusste, dass Verleugnung uns von der vollständigen Realität unseres eigenen Selbst abschneidet.

Von den Cherokee ist uns eine Geschichte überliefert, in der ein Großvater seinem Enkel erklärt, dass in seinem Herzen zwei Tiere leben: ein Wolf und ein Lamm. Als der Enkel ihn daraufhin fragt, was man denn da tun solle, antwortet der Großvater: „Das Lamm füttern." Diese Geschichte veranschaulicht wunderschön die Realität unserer eigenen Innenwelt. Wir müssen den Wolf in uns respektieren; denn wenn wir das nicht tun, werden wir vielleicht selbstgerecht und laufen Gefahr, von ihm gefressen zu werden. Alles, was wir verleugnen, wird uns benutzen, ohne dass wir uns dessen bewusst sind. Aber wir können uns dafür entscheiden, das Lamm zu füttern und zu Menschen zu werden, die mitfühlender und gütiger mit sich und anderen umgehen. Wir müssen bereit sein, den Egoismus, die

Habgier und den Zorn in unserem eigenen Inneren zu sehen und dabei gleichzeitig unsere innere Größe zu füttern.

Die Rolle unseres Ichs

Das Ich ist eine Funktion unseres Verstandes: Er organisiert sich zu einem „Ich". An und für sich ist das nichts Schlechtes; ohne dieses Ich würden wir gar nicht existieren. Das Ich macht ein Ereignis, das unsere Sinneswahrnehmungen in unser Bewusstsein heben, zu etwas Persönlichem. Angenommen, unsere Sinne tragen uns die Information zu, dass ein Hund bellt. Unser Ich macht diese Information zu einem persönlichen Erlebnis, indem es sagt: „Ich höre einen Hund bellen." Als Nächstes wird diese Nachricht mit dem Werturteil verwoben, das wir diesem Ereignis beimessen: Wahrscheinlich haben wir irgendeine Meinung über den bellenden Hund, die auf unserer bisherigen Erfahrung beruht. Vielleicht ärgere ich mich über den Lärm, oder ich zittere vor Angst, weil ich schon einmal von einem Hund angegriffen worden bin. Oder ich möchte den Hund am liebsten streicheln, weil sein Gebell mich an ein geliebtes Haustier aus meiner Kindheit erinnert. Dieses Beispiel zeigt, wie das Ich eine neutrale Erfahrung in Besitz nimmt, sie zu „meiner" Erfahrung macht, dann eine Schachtel mit einer meiner früheren Erfahrungen hervorholt und das neutrale Erlebnis damit einfärbt.

Das obige Beispiel zeigt aber auch, wie unser Gehirn funktioniert und wie es die Erfahrung des Getrenntseins von anderen Menschen und Dingen auf der Welt erzeugt. Es ist unser Ich, das uns das Erlebnis eines Spaziergangs im Park, des Geschmacks von feiner Schokolade oder eines Telefongesprächs mit einem Freund ermöglicht. Problematisch wird die Situation erst dann, wenn das Ich vergisst, dass seine Funktion darin besteht, unsere Wahrnehmungswelt zu strukturieren, und anfängt, sich für den Boss zu halten. Denn dann bleiben wir im „Ich" des Getrenntseins stecken und erheben unser persönliches Glaubenssystem zum Realitätsmodell. Unser Glaubenssystem ist weder falsch noch richtig – aber es schränkt uns ein. Und wenn wir uns mit diesen Einschränkungen identifizieren, laufen wir auf dem Betriebssystem alter Gewohnheiten und geben uns damit zufrieden, weniger zu sein, als wir in Wirklichkeit sind.

Wenn wir uns von den „Schachteln" unseres Glaubenssystems befreien, können dabei starke und oft auch schmerzhafte Emotionen frei werden. Diese Gefühle hängen oft mit Erinnerungen zusammen, anhand deren wir unsere Realität bisher unbewusst strukturiert haben. Ähnlich wie bei der Rückkehr von einer Reise, wenn wir beim Auspacken Gegenstand für Gegenstand aus dem Koffer nehmen und betrachten, müssen wir all unsere schützenden Hüllen in Augenschein nehmen und die darin verborgenen, von früheren Erlebnissen herrührenden Emotionen erkennen, die zur Entstehung dieser Hüllen geführt haben. Meiner Erfahrung nach kann dieses Loslassen ziemlich unangenehm sein; manchmal komme ich mir dabei vor, als würde ich in einer dreckigen Brühe herumschwimmen. Aber ich weiß, dass sich in dem, was im ersten Augenblick entmutigend erscheinen mag, oft eine reinigende Befreiung verbirgt – eine Art „Auspacken".

Der Weg des Wachstums ist keine gerade Linie; er sieht nicht so aus, wie er unserer Meinung nach aussehen sollte. Ganz im Gegenteil: Oft sind unsere Vorstellungen von Wachstum genau das, was uns in unserem Wachstum *behindert*. Denn wenn wir etwas zu wissen glauben, forschen wir nicht weiter nach. Die Buddhisten erinnern uns daran, dass es besser ist, einen Anfängergeist zu haben: Wir sollten wissen, dass wir *nichts* wissen. Diese Haltung der Demut öffnet uns die Tür zu Lernprozessen und Erkenntnissen.

> Wenn wir uns von den „Schachteln" unseres Glaubenssystems befreien, können dabei starke und oft auch schmerzhafte Emotionen frei werden.

Erst wenn es uns gelingt, zum unvoreingenommenen Beobachter unseres eigenen Lebens zu werden, können wir aus der Begrenzung unseres Ichs heraustreten und erkennen, dass es noch mehr gibt als dieses Ich: Dann wird uns klar, dass wir eine Seele sind, und wir können unser Ich so weiterentwickeln, dass es zu einer Funktion dieser Seele wird und nicht zu einer Funktion seiner selbst. Swami Veda schreibt dazu: „Ein Fluss wird zum mächtigen Ozean, indem er die Begrenzungen seiner eigenen Ufer aufgibt. Hab keine Angst davor, den wertlosen Tand deines Egos wegzuwerfen, um den Diamanten der Gnade zu gewinnen." Dieser Prozess beginnt mit der Fähigkeit, zum Beobachter unseres eigenen Lebens zu werden.

Die Kunst, zum Beobachter unseres eigenen Lebens zu werden

Ich erinnere mich noch an die Zeit, als unser Enkel Tyson klein war. Immer wenn seine Eltern ihn aufforderten, etwas zu tun, was er nicht wollte, wechselte er sofort in die dritte Person über und verlagerte seine Identität von sich selbst weg. Tyson war immer „Ich" – es sei denn, man forderte ihn auf, etwas gegen seinen Willen zu tun: Dann wurde er zum „Er". Wenn sein Vater zum Beispiel sagte, es sei Zeit zum Schlafengehen, antwortete Tyson: „Er will nicht." Und dann spielte er einfach weiter, ganz im Vertrauen darauf, dass er – solange er sich nicht persönlich damit identifizierte – die Anweisung seines Vaters nicht zu befolgen brauchte.

Tyson dabei zu beobachten, wie er zwischen „Ich" und „Er" hin- und herwechselte, war für mich nicht nur erstaunlich, sondern auch ziemlich belustigend. Und doch beherrschte Tyson schon in jungen Jahren die Fähigkeit, sich von sich selbst zu distanzieren. Diese Fähigkeit, zum Beobachter unseres eigenen Lebens zu werden, ist der Weg, auf dem wir allmählich erkennen, wie wir uns unsere Realitäten selbst erschaffen haben – und paradoxerweise auch der Weg, auf dem dieses Glaubenssystem mit der Zeit seine Macht über uns verliert.

Von unserer Kultur her sind wir so geprägt, dass wir uns (und andere Menschen) ständig analysieren und unser (oder ihr) Leben in Ordnung bringen wollen. Diese Erfahrung mache ich immer wieder, wenn ich mich selbst beobachte oder anderen Menschen zuhöre. Denn dabei bekomme ich ständig solche oder ähnliche Sätze zu hören: „Wenn ich das nur irgendwie in Ordnung bringen kann, ist alles gut“ oder „Ich weiß, dass das keine positive Eigenschaft ist, aber ich arbeite daran“. Anscheinend sind wir alle davon besessen, uns selbst „in Ordnung zu bringen“, und richten unsere ganze Aufmerksamkeit auf unsere Unzulänglichkeiten.

In unserer westlichen Kultur neigen wir dazu, mehr oder weniger alles analysieren, unter Kontrolle halten oder in Ordnung bringen zu wollen. Wenn uns an uns selbst oder unserem Leben etwas nicht gefällt, versuchen wir herauszufinden, wo das Problem liegt, und es anschließend zu beheben – wobei wir uns gleichzeitig bemühen, ständig alles unter Kontrolle zu behalten, damit es möglichst reibungslos abläuft (sprich: damit alles so bleibt, wie es uns gefällt). Die östliche Denkweise ist ganz anders. Ost und West scheiden sich an dem Bedürfnis, Probleme zu verstehen und „in Ordnung zu bringen“: Hier bringt das östliche Denken die Vorstellung vom „unvoreingenommenen Beobachter“ ein.

Der unvoreingenommene Beobachter ist unsere Fähigkeit, uns bei unseren Handlungen und Reaktionen selbst zu beobachten. Diese Fähigkeit des Beobachtens bringt Heilung in unser Leben.

Damit ist unsere Fähigkeit gemeint, uns bei unseren Handlungen und Reaktionen – unseren Gedanken und unserem emotionalen Aufruhr – selbst zu beobachten. Diese Fähigkeit gibt uns Hinweise auf unsere Glaubenssysteme. Dadurch lernen wir uns selbst und die inneren Dialoge kennen, die uns steuern. Der unvoreingenommene Beobachter ist die Fähigkeit, unser Ich einfach nur zu beobachten, statt uns damit zu identifizieren. Bei diesem Akt des Beobachtens gewinnen wir eine bahnbrechende Erkenntnis: Wir stellen fest, dass wir etwas anderes sind als das, wofür wir uns gehalten hatten. Diese Fähigkeit des Beobachtens bringt Heilung in unser Leben.

In den yogischen Upanishaden ist von zwei Vögeln auf einem Baum die Rede. Der eine flattert von Baum zu Baum; der andere sitzt auf einem Ast und beobachtet. Solange wir uns mit dem umherflatternden Vogel identifizieren, stecken wir in unserem Glaubenssystem fest. Doch je mehr wir uns mit dem Vogel identifizieren, der einfach nur beobachtet, umso mehr erkennen wir unser Glaubenssystem als das, was es ist. Und diese Erkenntnis, dass wir uns unsere Realität selbst erschaffen haben, bringt uns in unserem inneren Wachstum weiter. In dem Augenblick, in dem wir unsere Konditionierung erkennen, haben wir gewonnen. Zu wissen, dass wir nicht der Mensch sind, für den wir uns gehalten hatten, eröffnet uns die Möglichkeit, unser wahres Selbst zu erkennen.

Zu wissen, dass wir nicht der Mensch sind, für den wir uns gehalten hatten, eröffnet uns die Möglichkeit, unser wahres Selbst zu erkennen.

Yogiraj Achala erzählt, wie er seinen kleinen Sohn einmal ans Ufer des Mississippi mitnahm. Der Sohn schaute in den Fluss hinab und fragte seinen Vater, ob er verschmutzt sei. Yogiraj antwortete: Nein, der Fluss trägt nur eine Verschmutzung in sich; aber er selbst ist rein. Unser Geist ist genau wie dieser Fluss: Wenn wir uns damit identifizieren, was er alles in sich trägt – Gedanken, Geschichten, Überzeugungen –, glauben wir, diese Dinge zu *sein*. Doch wenn wir uns mit dem Göttlichen in unserem Inneren (dem reinen Fluss) identifizieren und unsere Gedanken einfach vorbeifließen sehen, erkennen wir, dass wir die Gedanken, Geschichten und Überzeugungen nur *in uns tragen*; sie sind nicht *wir*.

In einer anderen Schrift der yogischen Upanishaden wird der Mensch als „Gott in einem Topf“ bezeichnet. Diese einfache Aussage zu verstehen, ist das Ziel des Selbststudiums: Solange wir uns mit dem „Topf“ (unserem Körper und Geist) identifizieren, bleiben wir in unseren Begrenzungen gefangen und leiden. Erst wenn wir unsere Identität vom „Topf“ auf das Gottselbst in unserem Inneren verlagern, ruhen wir in unserem wahren Ich. Dieses innere Gottselbst wird im Yoga als Atman, im Buddhismus als Buddha-Natur und im Christentum als Christusbewusstsein bezeichnet.

Meditation ist ein wichtiger Aspekt des Selbststudiums; denn im Zustand der Meditation können wir zu unvoreingenommenen Beobachtern werden, unsere Glaubenssysteme erkennen und anfangen, unsere Identität vom „Topf“ auf das Gottselbst in uns zu verlagern. Auch durch die Lektüre heiliger Schriften und inspirierender Biografien kommen wir unserer wahren Identität näher. Neugier und der Anfängergeist, der weiß, dass wir nichts wissen, helfen uns, aus unserer Verpackung herauszukommen. Wenn wir unsere Aufmerksamkeit auf das Gottselbst in unserem eigenen Inneren lenken, beginnen die „Schachteln" unserer Glaubenssysteme von uns abzufallen, und wir werden frei.

Fragen zur Selbsterforschung

Wenn Sie sich von diesen Fragen durchs Leben begleiten lassen, sich Zeit zum Nachdenken nehmen und Tagebuch führen, werden Sie neue Einsichten in Ihr Leben und in die Praxis des Selbststudiums gewinnen. Wählen Sie für Ihre Selbsterforschung in diesem Monat folgende Aussage von Huston Smith:

> Wir alle tragen sie in uns:
> die höchste Kraft,
> die Fülle der Weisheit,
> unstillbare Freude.
> Sie wird niemals durchkreuzt
> und kann nicht zerstört werden.
> Aber sie liegt tief in unserem Inneren verborgen,
> und das macht das Leben zu einem Problem.

Woche 1: Bei neunundneunzig Prozent von dem, was Sie stört, geht es in Wirklichkeit um *Sie selbst*. Neunundneunzig Prozent von dem, was andere Menschen stört, haben nichts mit Ihnen zu tun. Achten Sie in dieser Woche einmal darauf, wie Sie diese Aussage umkehren, indem Sie anderen Menschen die Schuld an Ihren eigenen Problemen geben und andererseits wiederum die Verantwortung für die Probleme Ihrer Mitmenschen übernehmen. Üben Sie, Verantwortung für sich zu übernehmen und andere für sich selbst verantwortlich sein zu lassen.

Woche 2: Achten Sie in dieser Woche darauf, was Sie in andere Menschen hineinprojizieren. Diese Projektionen sind Dinge, die Sie bei sich selbst nicht erkennen wollen oder können. Denken Sie daran, dass Ihnen nur dann etwas an einem anderen Menschen auffallen kann, wenn es bereits in Ihnen selbst liegt (sowohl Ihre Kleinlichkeit als auch Ihre innere Größe). Wachsen Sie in Ihre volle Verantwortung für sich selbst hinein.

Woche 3: Entdecken Sie in dieser Woche ein paar von den Schachteln, in die Sie sich selbst verpackt haben, indem Sie alle Wellen der Disharmonie bis zu sich selbst zurückverfolgen. Versuchen Sie herauszufinden, welches Ihrer persönlichen Glaubenssysteme die Disharmonie verursacht hat. Trifft diese Überzeugung zu? Erleben Sie die Realität oder nur eine Schachtel? Lassen Sie sich in diesem Bemühen durch den folgenden Ausspruch von Anaïs Nin unterstützen: „Wir sehen die Dinge nicht so, wie sie sind. Wir sehen die Dinge so, wie *wir* sind."

Woche 4: Entwickeln Sie in dieser Woche den unvoreingenommenen Beobachter in Ihrem Inneren weiter, indem Sie all Ihre Handlungen und Gedanken so beobachten, als würden Sie sich einen Film anschauen. Beginnen Sie sich als „höchste Kraft, Fülle der Weisheit, unstillbare Freude" zu erleben.

Denken Sie in diesem Monat über die Worte von Huston Smith nach und „packen Sie sich aus".

ISHVARA PRANIDHANA

Stürze dich von ganzem Herzen
in dein Leben hinein,
im Vertrauen darauf,
dass du zu Gott fliegen wirst!

– *Catharine Larsen*

ईश्वर प्रणिधान

Kapitel 12

Ishvara Pranidhana: Hingabe

In dem Film *Zwei hinreißend verdorbene Schurken* finden sich zwei Betrüger im gleichen lukrativen Revier wieder. Als ihnen klar wird, dass dort nur für einen von ihnen Platz ist, schließen sie eine Wette ab: Sie vereinbaren, sich eine unschuldige Frau zu suchen und sie um 50.000 Dollar zu betrügen. Dem Ersten, dem es gelingt, dieses Geld zu ergattern, steht das alleinige Recht zu, das Revier weiter zu „bearbeiten"; der andere muss weiterziehen. Diese Wette zieht eine ganze Reihe komischer Ereignisse nach sich, bei denen jeder Betrüger versucht, den anderen zu übertrumpfen. Aber die wirkliche Überraschung kommt ganz zum Schluss, als *die Frau* diejenige ist, die die beiden Gauner um 50.000 Dollar erleichtert! Interessant ist für mich vor allem, wie die beiden Männer reagieren, als sie merken, dass sie in Wirklichkeit selbst hintergangen wurden, obwohl sie doch die ganze Zeit dachten, *sie* seien die Betrüger. Auf diese Erkenntnis reagiert einer der Männer mit einem Wutanfall, der aussieht wie der eines zweijährigen Kindes. Doch der zweite Mann bleibt ganz ruhig, und langsam verzieht sich sein Gesicht zu einem breiten Lächeln. Dann lacht er vor Freude über den meisterhaften Trick dieser Frau, die ihn überlistet hat und mit seinen 50.000 Dollar abgehauen ist.

Ich denke, hier gibt es eine Lektion für uns zu lernen. Wie oft versuchen wir – so wie die beiden Männer in der obigen Geschichte – das Leben zu betrügen, als warte ein Preis auf uns, wenn es uns gelingt? Und wenn das Leben nicht das tut, was wir wollen, bekommen wir einen Wutanfall. (Denken Sie nur einmal daran, wie oft Sie sich sagen, dass Sie einen „schlechten Tag" hatten, weil nicht alles so gelaufen ist wie geplant.) Oft sind wir so sehr damit beschäftigt, uns betrogen oder als Opfer zu fühlen, wenn unser Leben nicht so läuft, wie wir wollen, dass wir über all unserem Ärger vielleicht sogar eine neue Gelegenheit versäumen, die das Leben uns in diesem Moment bietet.

Ishvara Pranidhana, das Juwel der Hingabe, geht davon aus, dass in unserem Leben eine göttliche Kraft am Werk ist. Ob wir diese Kraft nun Gott, Gnade, Vorsehung oder Leben nennen – sie ist größer als wir, und unser Wohlergehen liegt ihr sehr am Herzen. Die Verhaltensregel der Hingabe lädt uns dazu ein, aktiv an unserem Leben teilzunehmen – hundertprozentig präsent zu sein, mit jedem Augenblick mitzufließen und für die Größe und das Geheimnis dieses Lebens dankbar zu sein. Letztendlich fordert *Ishvara Pranidhana* uns dazu auf, unser Ego aufzugeben, unser Herz zu öffnen und den höheren Zweck unseres Daseins zu akzeptieren.

Wir alle haben schon einmal eine Kostprobe von diesem Juwel der Hingabe erhalten: Wir kennen es zum Beispiel unter der Bezeichnung „im Fluss sein“ oder „ganz in einer Sache aufgehen“. In dem Film *Die Legende von Bagger Vance* wird sie als „authentischer Schwung“ bezeichnet. Vielleicht haben Sie gerade einen Sonnenuntergang beobachtet, eine Bergwanderung gemacht, ein Baby im Arm gehalten oder waren in etwas vertieft, was Sie gerne tun – und plötzlich stand die Zeit still, und Sie auch. Ihre Handlungen, Ihre Gedanken und die Aktivität, mit der Sie gerade beschäftigt waren, verschmolzen zu einer fließenden Abfolge, einer Einheit aus Vollkommenheit und Harmonie. Das ist der Rhythmus der Hingabe. Die Yogis sagen, dass wir immer so leben können, wenn wir uns nicht selbst im Weg stehen.

Ishvara Pranidhana, das Juwel der Hingabe, geht davon aus, dass in unserem Leben eine göttliche Kraft am Werk ist. Letztendlich fordert uns diese Verhaltensregel dazu auf, unser Ego aufzugeben, unser Herz zu öffnen und den höheren Zweck unseres Daseins zu akzeptieren.

Das Leben will uns überraschen, erfreuen und auf eine Art und Weise wachsen lassen, die weit über unser Vorstellungsvermögen hinausgeht. Jean-Pierre de Caussade hat begriffen, welche Chance sich hinter jedem Ereignis verbirgt, das uns begegnet. In seinem Buch *The Sacrament of the Present Moment* beschreibt er, wie man das „unermessliche, sichere und stets verfügbare Glück" eines jeden Augenblicks nutzen kann. Er erklärt, dass jedes Ereignis einen tieferen Sinn hat; und wenn wir auf diesen verborgenen Sinn vertrauen, wird das Leben stets unsere Erwartungen übertreffen. De Caussades Schriften quellen förmlich über vor lauter Freude daran, Gott zu vertrauen und ihn in jeder Aktivität, jeder Herausforderung oder Störung zu entdecken, mit der das Leben uns konfrontiert.

Wie können wir diesen Rhythmus der Hingabe, diese immense Freude und dieses unerschütterliche Vertrauen finden, von dem de Caussades Schriften durchdrungen sind? Wenn wir unsere innere Starrheit und unser Bedürfnis nach Kontrolle loslassen, wenn wir uns freudig auf das Leben einlassen, so wie es auf uns zukommt, und wenn wir unser Ego an etwas Größeres hingeben, erhalten wir einen Vorgeschmack auf den inneren Reichtum dieses Juwels.

Loslassen

Mit der Yogaposition, die man als *Shavasana* oder „Totenstellung" bezeichnet, können wir uns in dieser Hingabe üben. Wenn wir uns auf den Rücken legen und Arme und Beine in einem 45-Grad-Winkel von unserem Körper weg strecken, bedeutet das den Tod der Aktivität, mit der wir gerade beschäftigt waren. Es ist auch eine Vorübung für die letztendliche Hingabe an unseren eigenen Tod. Bei *Shavasana* gibt es für uns nichts zu tun.

Wir sollen einfach nur daliegen, jede Anstrengung oder Anspannung in unserem Körper loslassen und darauf vertrauen, dass unser Atem uns atmet und unser Körper sich selbst erneuert. (Auch wenn sich das einfach anhört – in Wirklichkeit ist es sehr schwierig.) Diese Praxis des *Shavasana* ist eine der wichtigsten Übungen, die wir machen können, denn dabei lernen wir, all die verschiedenen körperlichen und geistigen Kämpfe loszulassen, die wir mit dem Leben austragen.

Wenn wir lernen, das Leben nicht mehr zu bekämpfen, können wir anfangen, kompetent zu handeln. Kontrolle macht uns innerlich starr, verkrampft uns und verengt unsere Perspektive. Wenn wir unsere Rüstung ablegen, eröffnet sich eine ganze Welt neuer Möglichkeiten, und wir reisen leichter und bequemer durchs Leben. Wir können in jeder Sekunde darauf achten, ob wir uns dem Leben hingeben, indem wir unsere inneren Wahrnehmungen der Kontraktion und Expansion beobachten. Kontraktion ist ein Gefühl der Einengung – als würden wir uns innerlich zusammenziehen. Expansion ist eine Öffnung – die Entstehung von Freiräumen und ehrfürchtigem Staunen. Wenn wir uns in einem Zustand der Kontraktion befinden, kämpfen wir gegen das Leben an oder haben Angst davor. In der Expansion befinden wir uns im Fluss der Hingabe.

Doug Keller vergleicht dieses Konzept der Ausdehnung und des Loslassens mit Eisbrocken: Das Leben ist ein fließender Strom, und wir sind Eisbrocken in diesem Strom. Wir besitzen die gleiche Qualität wie der Strom, sind aber in unseren inneren Anspannungen und Ängsten eingefroren. Und nun sollen wir üben, mit dem Fluss des Stroms zu verschmelzen und mit dem Fluss des Lebens eins zu werden. Wenn wir uns entspannen, unsere starren Gedanken loslassen und unsere verkrampften Muskeln lockern, können wir anfangen, mit dem Leben mitzufließen.

> Wenn wir lernen, das Leben nicht mehr zu bekämpfen, können wir anfangen, kompetent zu handeln.

Als meine Enkelin Ashly noch klein war, schärfte ich ihr immer ein, sie solle bei allem, was sie tut, „vorsichtig und sorgsam" sein. In ihrer kindlichen Unschuld verwechselte sie die Endungen und antwortete darauf immer fröhlich „sorg*los* sein". Ich fand das niedlich und begann ihr diese Worte im Scherz nachzusprechen. Und als ich meine Sprechweise änderte, machte ich eine interessante Beobachtung. Mir fiel auf, dass „vorsichtig und sorgsam sein" innere Anspannung, Angst und Starrheit in mir erzeugte, während das Wort „sorglos" ein sofortiges Gefühl der Ausdehnung hervorrief und mich für das Abenteuer meines Lebens öffnete: Ich war bereit, auf den Augenblick zu vertrauen.

Engagement

Jeder, der Wildwasserkanu fährt, kennt die enorme Kraft der Stromschnellen. Wer dagegen ankämpft, hat von vornherein verloren. Stattdessen müssen Sie den Lauf der Stromschnellen zu Ihrem Vorteil nutzen, um sich sicher durch sie hindurchnavigieren zu können. Hingabe erfordert das gleiche Geschick wie beim Manövrieren eines Floßes durch Wildwasser, in dem Wissen, dass die

Kraft in der Strömung, den Felsen und Ihrem eigenen Geschick, nicht zu kentern oder gegen einen Felsblock zu prallen, liegt. Hingabe ist wie Wildwasserkanufahren: Wir müssen lernen, geschickt auf den Wellen dessen zu reiten, was der Augenblick uns bringt, und diesen Prozess zu genießen – egal ob wir sicher durch die Stromschnellen durchkommen oder umkippen und nass werden.

Und doch ertappen wir uns nur allzu oft dabei, wie wir gegen den Augenblick ankämpfen, indem wir von ihm verlangen, dass er uns das gibt, was wir wollen – und zwar genau so, wie es uns gefällt. Das ist das Gleiche, als würden wir versuchen den Strom dazu zu bringen, dass er tut, was wir wollen. Diese Einstellung ist auf einem Floß genauso katastrophal wie im Leben. Unser Bedürfnis, dass unser Leben auf eine bestimmte Art und Weise ablaufen soll, engt uns ein und erzeugt ein Gefühl innerer Anspannung, statt uns für den Fluss des Lebens zu öffnen. Aber jedes Mal, wenn wir die Stromschnellen durchfahren, werden wir zu geschickteren Kanufahrern.

Bei unserer ersten Verhaltensregel – Gewaltlosigkeit – habe ich Ihnen die Geschichte des dreijährigen Brooks erzählt, der seinen Stuhlgang zurückhielt, und damit nicht nur sich selbst Unbehagen verursachte, sondern das ganze Familienleben durcheinanderbrachte. Die Geschichte geht aber noch weiter: Damals besuchte Brooks gerade eine neue Kindertagesstätte und kam mit einer der Erzieherinnen nicht zurecht, die, wie er sagte, „immer" an ihm „herumnörgelte". Brooks wusste nicht, wie er mit dieser Situation umgehen sollte. Also tat er das Einzige, was er zu diesem Zeitpunkt zu tun wusste: Er hielt seinen Stuhl zurück. Doch seine Mutter Ann kannte seine Angst vor der Situation und lud ihn dazu ein, sich dieser Angst zu stellen. Sie nahm ihn bei der Hand, ging gemeinsam mit ihm zu einem Treffen mit der Erzieherin und stand ihm bei, während er dieser Person, vor der er Angst hatte, gegenüberstand. Nach dieser mutigen Konfrontation war Brooks innerlich frei, die Erzieherin und er wurden die besten Freunde, und in der Familie kehrte wieder Normalität ein.

Die obige Geschichte ist ein anschauliches Beispiel dafür, dass wir die Möglichkeit haben, dem Leben mit Mut und Tatkraft zu begegnen. In dieser Situation wurde das Problem weder verleugnet, noch zogen sich die Beteiligten in ein Schneckenhaus passiver Hilflosigkeit zurück. Ann half ihrem Sohn Brooks dabei, dem Leben so zu begegnen, wie es war – beängstigend und überwältigend. Dadurch wurde Brooks in seiner Beziehung zum Leben kompetenter.

Die Geschichte von Dietrich Bonhoeffer ist ein weiteres Beispiel dafür, wie man jeden Augenblick seines Lebens mit Integrität angehen kann. Bonhoeffer war zu der Zeit, als Hitler an die Macht kam, als evangelischer Pastor tätig. Während andere das Geschehen lieber ignorierten, blieb Bonhoeffer in der Realität des Augenblicks präsent. Als er Zeuge der Grausamkeiten von Rassismus und Faschismus wurde, spürte er in sich eine Berufung: Er musste seinem inneren Bedürfnis nachgeben, etwas gegen all das Leid zu tun, das er sah. Also traf er die schwerste Entscheidung seines Lebens: Er trat einer kleinen Gruppe von Menschen bei, die ein Attentat auf Hitler planten. Das Attentat scheiterte, Bonhoeffer wurde verhaftet und wenige Stunden vor der Befreiung Deutschlands erhängt.

Die Schriften, die er im Gefängnis verfasste, während er auf seine Hinrichtung wartete, bieten brillante Einsichten in den Kampf, die Integrität und den Mut, den das Leben uns manchmal abverlangt. Hingabe ist nichts Passives.

Die Auseinandersetzung mit dem Augenblick kostete Dietrich Bonhoeffer das Leben. Bei Brooks erforderte sie den ganzen Mut eines kleinen Jungen. Bei anderen Menschen – beispielsweise William Wilberforce, der mit seinem unermüdlichen, leidenschaftlichen Engagement dem britischen Sklavenhandel ein Ende setzte – verlangte sie Beharrlichkeit. Die Geschichte ist voll von großen Menschen, die sich den Nöten und Herausforderungen ihrer Zeit stellten und sie mit Kreativität und Geschick bewältigten. Diese Menschen, die uns mit ihrem Handeln inspirieren, haben verstanden, dass Hingabe bedeutet, sich in den Dienst eines höheren Ziels zu stellen – denn genau das verlangte das Leben von ihnen. Diese Leute haben nicht „groß" angefangen. Sie waren ganz normale Menschen, so wie Sie und ich. Aber sie wuchsen an jeder Herausforderung, mit der das Leben sie konfrontierte, und es gelang ihnen, die Situation kompetent zu meistern, statt vor ihr davonzulaufen.

Akzeptanz

Das bedeutet nicht, dass wir nach großen Taten streben müssen: Wir sollten einfach nur auf die Erfordernisse des Augenblicks achten. Wenn wir uns der Dinge bewusst sind, die direkt vor uns liegen, erhalten wir Hinweise auf unsere eigene Entwicklung und auf die Richtung, in die wir uns bewegen sollten. Wenn das Leben uns braucht, wird es auf uns zukommen; doch das werden wir nur dann erkennen, wenn wir aufmerksam sind und den Mut haben, darauf zu reagieren. Akzeptanz ist wie eine Art Tanz mit dem Leben: Wir führen nicht, lassen uns aber auch nicht mitschleifen wie ein Mehlsack. Als Tanzpartner des Lebens sollten wir schutzlos, verletzlich und doch gleichzeitig so präsent sein, dass wir mit seinem nächsten Tanzschritt mitgehen können, egal wo er uns hinführt; und wir sollen auch unseren eigenen Stil in diesen Tanz einfließen lassen.

Das Leben weiß besser als wir, was zu tun ist. Unsere Aufgabe besteht einfach nur darin, loszulassen, jedem Augenblick offenen Herzens entgegenzutreten und gekonnt mit ihm zu tanzen. Wenn wir uns in der Befolgung der anderen neun Verhaltensregeln geübt haben, lernen wir inzwischen allmählich, dem Leben mit Mitgefühl und Mut, Zufriedenheit und Unerschrockenheit zu begegnen und zu wissen, wo wir uns selbst im Weg stehen. Wenn wir uns in all den Fähigkeiten weiterentwickeln, die die *Yamas* und *Niyamas* uns abverlangen, können wir jeden Augenblick unseres Lebens begrüßen und seinen Anforderungen gerecht werden.

Swami Rama hat einmal gesagt: „Tu, was dir zukommt; unterlasse, was dir nicht zukommt." So einfach das auch klingen mag – es spielt für unser Verständnis von Hingabe eine sehr wichtige Rolle. Wenn wir loslassen können, was nicht zu ändern ist, wachsen wir immer mehr in unsere besonderen Gaben und unseren individuellen Beitrag zum Leben hinein. Es gibt etwas, das uns zukommt, egal ob groß oder klein: Das ist der Beitrag, den wir für die Menschheit leisten. Wenn wir unseren

Weg erkennen und uns in dieses Wissen ergeben, werden wir eine Freiheit und Freude kennenlernen, die wir nie für möglich gehalten hätten.

Es gibt ein Bild aus der östlichen Philosophie, das diese Verhaltensregel der Hingabe veranschaulicht. Das Bild zeigt eine Schlange, die so stark und so vollkommen im Gleichgewicht ist, dass sie die ganze Erde auf dem Kopf trägt. Und doch ist sie gleichzeitig so zärtlich und liebevoll, dass Könige und Babys bequem auf ihrem zusammengerollten Körper liegen können – ein Bild der Stärke und Sanftheit zugleich. Genau das verlangt die Verhaltensregel der Hingabe von uns: Wir sollen stark genug sein, jeden Augenblick mit Integrität anzugehen, gleichzeitig aber auch weich genug, um mit dem Strom des Lebens mitzufließen.

> Hingabe bedeutet, stark genug zu sein, jeden Augenblick mit Integrität anzugehen, gleichzeitig aber auch weich genug, um mit dem Strom des Lebens mitzufließen.

Hingabe

Eine Freundin erzählte mir einmal von einem lebhaften, realistischen Traum, der sie sehr beeindruckt hat. In diesem Traum erschien ihr eine Frau und verkündete mit stolzgeschwellter Brust: „Der Weg zu einem guten Tag besteht darin, die Tür zu öffnen und GOTT HEREINZULASSEN!“ Was für eine tiefgründige Art und Weise, jeden Tag im Rhythmus der Hingabe zu beginnen!

Letztendlich ist Hingabe eine Haltung der Ergebenheit, die wir in unserem Herzen tragen und die all unsere Einstellungen und Handlungen durchdringt. In seinem tiefsten Sinn ist *Ishvara Pranidhana* die Hingabe des Ichs an ein höheres Ziel. Oder wie Richard Rohr sagt: „Es ist das Gebet: Dein Reich komme, mein Reich gehe." Wenn das Ich sich ergibt, weitet sich unser Herz. Wenn das Ich sich nicht mehr so sehr anstrengt, seinen eigenen Weg zu gehen, nimmt das Leben einen Rhythmus und eine gewisse Leichtigkeit an. Wenn das Ich nicht mehr darum kämpft, die Nummer eins zu sein, beginnt das Leben uns auf eine erstaunliche Art und Weise zu nähren und zu umsorgen.

Ishvara Pranidhana ist die Hingabe des Ichs an ein höheres Ziel. Wenn das Ich nicht mehr darum kämpft, die Nummer eins zu sein, beginnt das Leben uns auf eine erstaunliche Art und Weise zu nähren und zu umsorgen.

Wenn wir in die Fülle dessen hineinwachsen, was dieses Juwel uns lehren will, beginnen wir die Großmut dessen zu verstehen, was uns führt, schützt, nährt und für uns sorgt. Wir beginnen zu verstehen, dass es etwas viel Größeres gibt, das unser Leben lenkt, und fangen an, all unsere Handlungen und deren Früchte in die Arme Gottes zu legen. Hingabe bedeutet zu wissen, dass wir ein Teil dieser göttlichen Einheit sind, und uns diesem größeren Ganzen zu überantworten. Wir werden feststellen, dass wir uns dabei nicht verlieren, sondern ein Teil dieser Größe werden.

Fragen zur Selbsterforschung

Wenn Sie sich von diesen Fragen durchs Leben begleiten lassen, sich Zeit zum Nachdenken nehmen und Tagebuch führen, werden Sie neue Einsichten in Ihr Leben und in die Praxis der Hingabe gewinnen. Wählen Sie als Basis für Ihre Selbsterforschung in diesem Monat folgende Aussage von Swami Chetanananda:

> Letztlich kann ich dir über die Bedeutung von Hingabe
> nichts weiter sagen, außer:
> nichts zu haben und nichts zu wollen;
> keine Strichlisten zu führen;
> nicht zu versuchen, reicher zu sein;
> keine Angst vor dem Verlieren zu haben;
> kein besonderes Interesse
> an deiner eigenen Persönlichkeit zu haben;
> dich dafür zu entscheiden, glücklich zu sein,
> egal, was mit dir geschieht.
> Das sind ein paar Anhaltspunkte.
> Den Rest lernen wir durch Übung und Gnade.

Woche 1: Achten Sie in dieser Woche auf Ihre Einstellung zum jetzigen Augenblick und Ihre Reaktionen darauf. Verhalten Sie sich ängstlich, vertrauensvoll oder kämpferisch, fällen Sie Werturteile oder ärgern Sie sich? Fällt Ihnen bei Ihrer Einstellung zum jetzigen Augenblick irgendein Muster auf?

Woche 2: Achten Sie in dieser Woche auf die Anspannung, die in Ihrem Körper entsteht, wenn Sie den Augenblick so haben möchten, „wie es Ihnen gefällt". Entscheiden Sie sich bewusst dafür, Ihren Körper zu entspannen und eine Haltung der Neugier einzunehmen. Achten Sie darauf, was dann geschieht.

Woche 3: Üben Sie in dieser Woche, jeden Augenblick willkommen zu heißen und in die Möglichkeiten dessen hineinzuwachsen, was Ihnen angeboten und was von Ihnen verlangt wird. Falls Sie vor diesen Möglichkeiten zurückschrecken, vertrauen Sie einfach darauf, dass das Leben Ihnen damit die Chance gibt, in ein vollständigeres, fähigeres Ich einzutreten. Denken Sie dabei an folgenden Ausspruch von Pablo Picasso: „Ich tue immer das, was ich nicht kann, um zu lernen, wie man es macht." Werden Sie ein kompetenter, würdiger Schüler jedes Augenblicks, den das Leben Ihnen bringt.

Woche 4: Lassen Sie in dieser Woche jeden Morgen gleich beim Aufwachen „Gott herein". Glauben Sie an etwas, das größer ist als Sie selbst, und lassen Sie Ihr Handeln, Ihren Verstand und Ihr Herz mit dieser Größe in Einklang kommen.

Denken Sie in diesem Monat über die Worte von Swami Chetanananda nach und lernen Sie etwas über Hingabe durch „Übung und Gnade".

Kapitel 13

Rückblick auf die Niyamas

Vor einigen Jahren machte ich in meinem Leben eine große Veränderung durch. Es stürmten so viele Ereignisse auf mich ein, dass ich mir die Frage stellte: „Wie gut kann es mir überhaupt gehen?" Ich begann mich zu fragen, ob ich es schaffen könne, mich von Jahr zu Jahr besser zu fühlen und mehr Vitalität und Klarheit zu gewinnen. In Anbetracht der typisch amerikanischen Erwartungen an das Altern schien mir das damals eine ziemlich radikale Frage zu sein. Aber ich beschloss, dass das Experiment sich lohnte, und nahm mir vor, Entscheidungen im Hinblick auf meine Ernährung, meine Aktivitäten und mein Denken zu treffen, die mir bei dieser Entdeckungsreise weiterhelfen würden.

Die *Niyamas* sind eine Einladung zu einer radikalen Erforschung Ihrer Möglichkeiten. Wie gut kann es Ihnen gehen? Wie freudvoll kann Ihr Leben sein? Wir werden es nie wissen, wenn wir nicht bewusst Entscheidungen treffen, die uns bei dieser Entdeckungsreise weiterhelfen. Die fünf *Niyamas* bieten uns einen Überblick über die verschiedenen Färbungen, die diese Entscheidungen annehmen können.

Bei dieser Entdeckungsreise gibt es weder „richtig“ noch „falsch“, weder „besser“ noch „schlechter“. Ebenso wie die *Yamas* lenken uns auch die *Niyamas* in die Richtung von etwas Besserem als das, was uns momentan bewusst ist. Es ist, als hätten wir fünf Samen, die wir in unser Inneres legen, hegen und pflegen müssen, damit sie heranwachsen können: Das sind die Samen der Reinheit, Zufriedenheit und Selbstdisziplin, des Selbststudiums und der Hingabe. Wir pflegen diese Samen, indem wir:

- unseren Körper, unsere Sprache und unsere Gedanken reinigen,
- uns in unser eigenes Leben verlieben,
- uns bewusst für Disziplin und inneres Wachstum entscheiden,
- unser wahres Selbst kennenlernen
- und darauf achten, was das Leben von uns verlangt.

Wenn diese Samen Früchte zu tragen beginnen, kann uns nichts mehr erschüttern, denn dann erfahren wir eine innere Essenz tiefer Harmonie und Kraft und gewinnen Zugang zu einer Freude, die mit jedem Atemzug aus uns hervorsprudelt. Die *Niyamas* laden uns zu dieser Entdeckungsreise ein und bieten uns dabei Anleitungen und Orientierungshilfe.

Reinheit	Leitet uns dazu an, unseren Körper, unsere Sprache und unsere Gedanken zu reinigen
Zufriedenheit	Leitet uns dazu an, uns in unser eigenes Leben zu verlieben
Selbstdisziplin	Leitet uns dazu an, uns bewusst für Disziplin und inneres Wachstum zu entscheiden
Selbststudium	Leitet uns dazu an, unser wahres Selbst kennenzulernen
Hingabe	Leitet uns dazu an, darauf zu achten, was das Leben von uns verlangt

Kapitel 14

Und wie geht es jetzt weiter?

Als Kind stellte ich mir gern vor, ein Pferd zu sein. Aber nicht irgendein Pferd, sondern ein schönes, schwarzes, schnelles, das frei über das weite Land galoppierte und über alles, was mir im Weg lag, in Riesensätzen hinübersprang.

Obwohl ich mein kindliches Interesse für Pferde nie weiter verfolgt habe, liebe ich sie nach wie vor. Es sind wunderschöne Tiere, und ich sehe ihnen unheimlich gern dabei zu, wie sie voller Kraft und Anmut über ein offenes Feld galoppieren oder bei Turnieren majestätisch springen. Der Theologe Peter Marty hat in einer Rede über den Pferdesport ein paar interessante Beobachtungen gemacht. Er sagte: „Diejenigen unter uns, welche die Welt des Pferdesports nur aus dem Fernsehen kennen, empfinden die Eleganz und Leichtigkeit dieser springenden Tiere fast schon als surreal. Wir staunen über die Gelassenheit der Reiter. Wir bewundern die kühle Konzentration, mit der sie über die Hindernisse setzen [und fragen uns, ob diese Reiter] einen zusätzlichen Instinkt besitzen, der anderen Menschen fehlt."

Dann sprach Marty über das Pferdetraining und stellte fest, dass die eigene Wahrnehmung zu den häufigsten Hindernissen gehört, mit denen Reiter zu kämpfen haben. Daher geht es beim Training zu einem großen Teil darum, die Wahrnehmungsfähigkeit des Reiters zu schulen. In der Welt des Reitsports ist es eine altbekannte Tatsache, dass ein Reiter, der nicht mit einer Art „Vertrauensvorschuss" an die bevorstehenden Hindernisse herangeht, diese Riesensprünge mit seinem Pferd niemals schaffen wird. Peter zitiert einen Trainer, der das folgendermaßen formuliert hat: Du musst „dein Herz nehmen und über den Zaun werfen. Und dann hinterherspringen."

Wir haben dieses Buch mit der Prämisse begonnen, dass wir alle lernen müssen, mehr und mehr Mensch zu werden. Wenn wir in uns hinein- und nach draußen auf die Welt schauen, wird uns klar, dass das eine Riesenaufgabe ist. Wir leben in interessanten Zeiten. Die Polaritäten unseres Menschseins scheinen wie unübersehbare Neonschilder zu leuchten. Wir erleben Taten der Brutalität und Habgier, die unsere Sensibilität erschüttern und unser Herz mit Entsetzen und Unglauben erfüllen. Aber wir erleben auch Taten, aus denen äußerstes Mitgefühl und eine große Güte spricht – Taten, die das Potenzial zum Leben erwecken, das in uns allen brennt.

Wenn ich mir die Welt anschaue, kommt es mir so vor, als versuchten wir eine wichtige Entscheidung darüber zu treffen, wer wir als Menschen sind. Dieser Entscheidung muss sich jeder von uns stellen. Die Frage lautet: Sind wir bereit? Sind wir bereit dazu, in das Beste hineinzuwachsen, was ein in einem menschlichen Körper eingesperrter Geist sein kann? Können wir uns Tage, Leben, Systeme und eine Gemeinschaft so vorstellen, wie ein voll verwirklichter Mensch sie leben würde? Können wir unser Leben und unser Können dazu einsetzen, in unserem Inneren und um uns herum eine solche Welt zu schaffen? Sind wir in der Lage, „unser Herz zu nehmen, über den Zaun zu werfen und hinterherzuspringen"?

Ich denke, das Menschsein ist wohl eines der schwierigsten und aufregendsten Abenteuer, auf die wir uns einlassen können: Wir können den Geschmack von frischen Erdbeeren und Eis genießen, in der Umarmung eines geliebten Menschen dahinschmelzen, die unschuldigen Augen eines Kindes bestaunen und uns an Wanderungen im Wald und am Strand erfreuen. Aber wir können auch ein ganzes Meer des Kummers und der Traurigkeit weinen und wilde Sturzbäche der Wut und des Zorns empfinden. Aus diesem riesigen Kontinuum von Emotionen – von Angst bis Mitgefühl – entstehen Handlungen, mit denen wir das Leben unserer Mitmenschen in Welleneffekten beeinflussen, über die wir wahrscheinlich staunen würden, wenn sie uns bewusst wären. Wir bringen Leid und Licht in diese Welt hinein. Das ist eine erstaunliche Realität, die wir uns bewusst machen und auf kompetente Weise nutzen müssen.

Und damit wir nicht denken, diese Aufgabe sei zu groß für uns, erinnert Ann Maxwell uns daran, dass wir dabei auf unsere täglichen Entscheidungen achten müssen:

„Vom sicheren Zufluchtsort meiner Yogamatte aus ist es relativ einfach, gütig, mitfühlend, offen und aufgeschlossen zu sein. An diesem Ort kann ich in einem Zustand tiefer Liebe leben und meine Yogaübungen zu einem Gebet machen. Aber die Frage ist, ob ich mich auch außerhalb dieser Matte für die Liebe entscheide. Die wahre Feuerprobe der Liebe findet in der Alltäglichkeit des Lebens statt – von Augenblick zu Augenblick. Werde ich auch dann noch innerlich offen sein, wenn ich im Dunkeln zu meinem Auto zurückgehe? Werde ich auch angesichts von Werturteilen – Ihren und meinen – Mitgefühl empfinden? Und angesichts von Selbstgerechtigkeit – Ihrer und meiner? Werde ich auch dann noch die liebevolle Verbindung zu meinem Atem aufrechterhalten, wenn ich zeitlich im Rückstand bin? Werde ich mich für Glauben und Vertrauen entscheiden, wenn meine Lieben in Not sind? Werde ich auch dann noch ein gütiger Mensch sein, wenn es Hausarbeit zu erledigen gibt? Oder wenn mich jemand bei meiner Arbeit stört? In solchen Augenblicken ist unsere Entscheidung – für die Angst oder für die Liebe – am schwierigsten und am wichtigsten."

Wenn wir versuchen, diesen täglichen Aufgaben unseres Lebens und unseren höheren Visionen für die Menschheit gerecht zu werden, kann es uns – wie dem Reiter, der sich auf große Sprünge vorbereitet – vielleicht helfen, uns mit unserer eigenen Wahrnehmung zu befassen. Vielleicht sollten wir uns alle zu einem kleinen Vertrauensvorschuss aufraffen: Vielleicht müssen wir diesen großen und kleinen Sprüngen im Voraus vertrauen – „unser Herz über den Zaun werfen und hinterherspringen".

Die *Yamas & Niyamas* sind die Basis für dieses Studium unserer eigenen Wahrnehmung; sie befähigen uns zu dem Vertrauensvorschuss, den wir im Umgang mit den Herausforderungen und Freuden unseres kollektiven und individuellen Menschseins brauchen. Mögen Sie die Kraft dieser zehn Juwelen kennenlernen und sich davon zu einem integren Leben anleiten lassen, während Sie sich auf dieses große Experiment des menschlichen Lebens einlassen!

Anhang I
Westliche versus östliche Sichtweise

In allen Kulturen gibt es bestimmte Prämissen und unausgesprochene „Gesetze“, die den Menschen sagen, wie man das Leben betrachten sollte. Diese sind nicht unbedingt richtig oder falsch; aber sie prägen die Wahrnehmung der Realität in dieser Kultur.

Da die westliche Welt sich jetzt immer mehr für östliche Yogakonzepte interessiert und diese auch praktiziert, halte ich es für wichtig, einige dieser Prämissen zu beschreiben, die das Denken in diesen beiden Kulturen auf unterschiedliche Weise prägen.

Vorab eine kleine Warnung: Das sind nur meine persönlichen Gedanken zu diesem Thema, und sie sind sicherlich nicht erschöpfend. Ich möchte nur in ganz allgemeinen Begriffen auf diese Unterschiede eingehen und den kulturellen Mix aus Religion, Philosophie und weltlichem Leben ansprechen, der da oft mit hineinspielt. Folgendes ist mir aufgefallen:

Westen	**Osten**
Etwas erreichen bzw. erwerben wollen	Loslassen
Moral: richtig & falsch	Ethik: Ursache & Wirkung
Entweder-oder-Denken	Sowohl-als-auch-Denken
Regeln und Lösungen	Fragen und Elemente
Fehler = Versagen	Fehler = Leben

Ich hoffe, dass wir irgendwann anfangen, uns ein paar ganz einfache Fragen über unsere möglicherweise ungeprüften Überzeugungen und Prämissen zu stellen – und dass wir uns dank dieser Überlegungen von neuen Ideen beeinflussen lassen, die uns ein tieferes Verständnis für die Yoga-Ethik eröffnen.

Da wir Geist sind, der in einem Körper steckt, gibt es nichts, was uns fehlt – nichts, was wir erst finden oder erlangen müssten. Alles, was wir brauchen, liegt bereits in uns. Wenn wir die Verhaltensregeln der *10 Gebote des Yoga* leben, lassen wir begrenzte Glaubenssätze und einschränkende Verhaltensweisen los, die uns in der Unwahrheit unserer Hilflosigkeit und Verzweiflung gefangen halten. Ähnlich wie beim Schälen einer Zwiebel sind wir dazu eingeladen, die verschiedenen Schichten der Glaubenssätze und Systeme von uns abzuschälen, die uns nicht mehr dabei behilflich sind, die Fülle unseres Menschseins zu leben.

Freude gehört nicht zu der Welt des Glücks, die uns die Werbefachleute vorführen. Man kann sie weder kaufen noch erreichen, noch ist sie von äußeren Dingen abhängig. Äußere Dinge verändern sich; das liegt in ihrer Natur. Wir erleben Phasen des Glücks, die mit dem Erwerb oder Erreichen bestimmter Dinge einhergehen, aber auch Phasen des Kummers, wenn diese Dinge nicht das tun, was wir wollen. Die Suche nach Glück kann uns nur das Auf und Ab einer Achterbahnfahrt bescheren: Zuerst sind wir oben, dann stürzen wir ab, nur um dann wieder die gleiche Fahrt von vorn zu beginnen. Wenn wir unsere Ganzheit voll und ganz leben, können wir aufhören, Dingen nachzujagen, und sie stattdessen einfach loslassen.

Um dieses Konzept unserer Ganzheit richtig verstehen und würdigen zu können, müssen Menschen, die im Westen aufgewachsen sind, erkennen, wie stark wir durch unsere Kultur vom Modus des Erreichens und Erwerbens geprägt sind. Man hat uns beigebracht, dass es immer *noch etwas* gibt, das außerhalb von uns liegt und das wir unbedingt erreichen müssen, um uns vollständig zu fühlen. Und dann noch etwas und noch etwas. Dieses Wissen machen sich die Werbefachleute zunutze; und das ist auch der Grund, warum wir am Ende viel zu viele Dinge haben und uns bei dem Versuch, sie zu erwerben, aufreiben. Wir haben – oft unbewusst – gehofft, dass es uns vollständig machen würde, wenn wir *noch* etwas erwerben. Manchmal betrachten wir sogar unsere Spiritualität als etwas, das erreicht werden muss, und nicht als etwas, das wir bereits *sind.*

Wenn Sie anfangen, die Schichten der Begrenzungen und Illusionen, in die Sie sich eingehüllt haben, loszulassen, werden diese zehn Verhaltensregeln Sie auf jeder Stufe Ihrer Entwicklung abholen und begleiten. Sie werden Ihnen neue Aspekte Ihres eigenen Wesens und einen tieferen, reicheren Sinn offenbaren. Genauso, wie Sie Ihre Regale zwar mit einem endlosen Vorrat an Lebensmitteln füllen, diese aber unmöglich alle auf einmal essen können, werden diese Verhaltensregeln Ihnen ihre Geheimnisse erst nach und nach enthüllen; und ähnlich wie eine Liebesbeziehung werden sie Sie immer weiter nähren und immer wieder aufs Neue überraschen.

Diese Juwelen sind keine moralische Standortbestimmung mit festen, verbindlichen Regeln. Sie sagen Ihnen nicht, woran Sie glauben oder wonach Sie in Ihrem Leben suchen sollen, um Erfüllung zu finden. Aber sie geben Ihnen das Rüstzeug, das Sie brauchen, um jeder Situation mit Flexibilität, Einsicht und Weisheit zu begegnen. Sie geben Ihnen Werkzeuge in die Hand, mit deren Hilfe Sie ein einfacheres Leben mit weniger Störungen und weniger Chaos führen können. Und sobald Sie mehr Platz in Ihrem Leben geschaffen haben, können Sie den tiefen Sehnsüchten in Ihrem Inneren lauschen und über die wichtigen Fragen Ihres Lebens nachdenken.

Gerade in den USA geraten wir oft bewusst oder unbewusst in den Bann des „amerikanischen Traums". Irgendwie hat man uns eingeredet: Wenn wir das „Richtige" tun, wird das Leben uns mit Glück und lauter schönen Dingen überhäufen; und wenn nicht alles so läuft wie geplant, fühlen wir uns oft als Versager. Doch unsere physische Welt besteht nun einmal aus Gegensätzen, so wie jede Münze zwei Seiten hat: Kopf und Zahl. Nur Kopf – keine Münze. Nur Glück – kein Leben. Gekonnt zu leben bedeutet nicht, dass immer alles so läuft, wie wir es uns wünschen, sondern dass wir dafür gerüstet sind, allem, was das Leben uns bringt, mit Anmut und Würde zu begegnen. Im Leben endet nun mal nicht alles so wie in einem Hollywood-Film.

Statt das Leben aus der moralischen Perspektive von Richtig oder Falsch zu beurteilen, betrachten diese Verhaltensregeln das Leben aus dem Blickwinkel von Ursache und Wirkung. Das bedeutet nichts anderes, als dass wir unsere Handlungen genau beobachten und herausfinden sollten, was funktioniert und was nicht. Wenn wir die gewünschten Resultate erzielen, machen wir so weiter wie bisher; wenn nicht, ändern wir unsere Vorgehensweise. Horst Rechelbacher – der Begründer von Aveda Corporation, Intelligent Nutrients und HMR Enterprises – erklärt in seinem Buch *Alivelihood*, dass er einen großen Teil seines enormen Erfolgs der täglichen Beobachtung von Ursache und Wirkung verdankt. Horsts Leben begann mit einer armen Kindheit in Ungarn; doch er ist zu einer Ikone erfolgreichen Unternehmertums geworden, das mit der Umweltethik im Einklang steht.

Den Verhaltensregeln des Yoga zu folgen, erfordert Neugier und Abenteuerlust. Wir dürfen Experimente machen und beobachten, welche davon die gewünschten Resultate liefern und welche nicht. Aus dieser Sicht ist unsere ganze Teilhabe am Leben ein Erfolg, weil alles, was wir tun, uns wertvolle Informationen liefert. Wir sind die Wissenschaftler, und unser Leben ist das Labor. Wie bei allen wissenschaftlichen Experimenten ist „Scheitern“ ein Zeichen dafür, dass wir weiterkommen. Und wir können es spannend und aufregend finden, was wir alles noch nicht wissen und was es noch zu entdecken gibt.

Ich möchte Ihnen die Kreativität und Spontaneität, die darin liegt, durch Fehler weiterzukommen, anhand einer Geschichte veranschaulichen. Als Studentin wirkte ich bei einem Schönheitswettbewerb mit und bekam als Andenken einen signierten Gummifußball geschenkt. Obwohl es mir inzwischen peinlich ist, das zuzugeben, habe ich diesen Fußball viele Jahre lang aufbewahrt – einfach, weil er mir ein gutes Gefühl gab. Als meine Söhne klein waren, bekamen sie ihn in die Hände und spielten damit herum – mit dem Ergebnis, dass der Gummimantel des Balls hinterher an vielen Stellen zerrissen war und ich sehr enttäuscht.

Doch dann taten meine Söhne etwas, das ich nie vergessen werde: In mühevoller Kleinarbeit flickten sie den zerrissenen Fußball mit Klebeband zusammen und malten dann die Worte „Die beste Mama der Welt“ darauf. Meine Kinder hatten intuitiv begriffen, zu welcher Kreativität die *Yamas & Niyamas* uns einladen: Statt sich in Bedauern, Scham oder Schuldgefühlen zu ergehen, machten sie aus einem „Fehler“ eine so liebevolle Aktion, dass ich noch viele Jahre später ganz gerührt bin, wenn ich daran denke. Wäre es nicht wunderbar, wenn wir alle wüssten, wie wir jede Sekunde unseres Lebens – mit all unseren Fehlern – kreativ leben können? Die *Yamas & Niyamas* zeigen uns, wie das geht.

Anhang II
Die Früchte der Praxis

Es fasziniert mich immer wieder, wenn eine neue Idee plötzlich an allen Ecken und Enden auf das menschliche Bewusstsein zu treffen scheint – als wäre die Menschheit plötzlich erwachsen geworden und bereit, ein neues Selbstverständnis zu entwickeln. Das spüre ich immer dann, wenn eine Idee in verschiedenen Büchern gleichzeitig – und zusätzlich vielleicht auch noch auf einem Autoaufkleber – auftaucht. Das unten stehende Zitat von Jacquelyn Small ist ein Beispiel dafür, wie eine Idee, die man vorher nicht kannte, plötzlich überall zu finden ist:

> Wir sind keine Menschen, die versuchen, spirituell zu sein; wir sind spirituelle Wesen, die versuchen, Menschen zu sein.

Diese Aussage ist ziemlich hintergründig, denn sie verlagert unsere Perspektive vom Blick nach oben – zum Himmel – auf unser Menschsein hier unten auf der Erde. Die Frage lautet: Wie lebt man innerhalb der Grenzen eines Körpers, eines bestimmten Ortes und einer bestimmten Zeit? Wie kommen wir mit anderen aus und teilen unsere Ressourcen miteinander? Wie treten wir in die Fülle unseres Menschseins ein? Wie können wir möglichst viele Möglichkeiten schaffen und genießen, um das Leben in all seinen Formen zu erfahren, und möglichst viel Freude an diesem Leben zu haben? Wie entwickeln wir meisterhaftes Geschick im Umgang mit unserem Menschsein?

In der Praxis dieser ethischen Verhaltensregeln werden wir immer mehr weg von der Selbstbezogenheit und hin zur Vollkommenheit des Menschseins in seinem vollsten Ausdruck geführt.

Das bringt es uns, wenn wir uns in den Yamas vervollkommnen:
Gewaltlosigkeit ~ Eine Aura des Friedens, die uns und andere schützt
Wahrhaftigkeit ~ Die Worte, die wir aussprechen, werden immer wahr
Nicht-Stehlen ~ Überfluss
Mäßigung ~ Große Vitalität
Bescheidenheit ~ Wissen durch Erfahrung

Das bringt es uns, wenn wir uns in den Niyamas vervollkommnen:
Reinheit ~ Klarheit
Zufriedenheit ~ Freude
Selbstdisziplin ~ Verfeinerung
Selbststudium ~ Freiheit
Hingabe ~ Harmonie

Hilfsmittel & Ressourcen

Ihr Leben ist das beste Hilfsmittel, das es gibt

Alberne Filme, Autobiografien großer Persönlichkeiten, Schriften und Lehren aller Religionen und unsere ganz normalen Alltagsbegegnungen – alles hat uns etwas zu sagen.

Wenn wir die Augen aufmachen und alles, was wir sehen, als Chance zum Forschen und Lernen betrachten, gibt es nichts Unbedeutendes: Wir können von allem etwas lernen und an allem innerlich wachsen.

Über die Autorin

Deborahs Biografie

Deborah Adele hat einen Master-Abschluss in Liberal Studies, Theologie und Religionswissenschaften. Sie ist international registrierte Yoga-Lehrerin (ERYT500), hat Zertifizierungen in Kundalini Yoga, Hatha Yoga, Yogatherapie und Meditation sowie Ausbildungen als Gestalttherapeutin und Somatische Erzieherin absolviert. Über 14 Jahre lang brachte Deborah ihre geschäftliche Kompetenz und ihr fundiertes Wissen über die Yoga-Philosophie in den Aufbau von *Yoga North* ein, das jetzt ein florierendes Yoga-Zentrum ist. Zurzeit schreibt und unterrichtet sie, arbeitet als Beraterin und widmet sich ihrer persönlichen yogischen Entwicklung.

Deborah arbeitete drei Jahre lang als Beraterin für eine Firma aus Boulder (Colorado), wo sie das Konzept von Körper und Atem mit ihrer Fachkompetenz auf dem Gebiet der Organisationsentwicklung kombinierte, um Führung und Management in verschiedenen Unternehmen im ganzen Land zu verbessern. Sie schrieb regelmäßig eine Wellness-Kolumne für die *Duluth News Tribune* und ist Autorin zweier CDs: *The Art of Relaxation* und *The Practice of Meditation*. Derzeit ist Deborah Inhaberin von *Adele & Associates*, einer Firma, die das Ziel hat, innere Klarheit, Produktivität und richtige Lebensführung bei privaten Klienten und in Systemen zu fördern. Deborah ist eine scharfsinnige, innovative Denkerin und setzt ihr Wissen und ihre Fachkompetenz konsequent ein, um Menschen bei der Führung eines Lebens zu unterstützen, das von innerem Gleichgewicht, Klarheit und Wohlbefinden geprägt ist.

Zusätzlich zu ihrem geschäftlichen Know-how und ihrer Yoga-Erfahrung hat Deborah mehrere Reisen nach Indien unternommen, um dort zu studieren und zu forschen. Sie hält es für wichtig, dass wir uns immer wieder die Frage stellen: „Was bedeutet es, Mensch zu sein?“ Tun wir dies, indem wir uns an Orte begeben, an denen wir herausgefordert werden und uns verändern können, indem wir ehrlich zu uns selbst sind und uns täglich irgendeiner Form von Gebet, Meditation oder Reflexion widmen?

Momentan lebt Deborah mit ihrem Mann Doug, einem evangelischen Pastor, in Duluth und führt mit ihm lebhafte Gespräche über Spiritualität. Ihr Leben wird durch zwei Söhne und vier Enkelkinder bereichert.

Weitere Produkte und Dienstleistungen von Deborah

Produkte

Deborah hat Texte für zwei CDs – *The Art of Relaxation* und *The Practice of Meditation* – verfasst, in denen sie den Menschen ihre persönliche Freude an der Introspektion vermittelt und ihnen zeigt, wie man mithilfe dieser Innenschau einen Sinn im Leben finden und zu einem besseren Verständnis seines eigenen Selbst gelangen kann.

Dienstleistungen

Zusätzlich zu ihrer Tätigkeit als Autorin eines Yoga-Bestsellers und zweier CDs bietet Deborah Unterricht für Gruppen und Einzelpersonen an. Ihre Moderation bietet den Teilnehmern eine dynamische Kombination aus Hoffnung, Inspiration und praktischem Wissen. In ihren Workshops, Vorträgen, Beratungen, Lehrerausbildungen und Studienprogrammen geht es unter anderem um folgende Themen:

- Mithilfe der Yamas Harmonie schaffen
- Mithilfe der Niyamas unser inneres Leben pflegen
- Schweine fressen Wölfe: Ein Gespräch mit Ihrem Schatten führen
- Das Warum, Was und Wie der Meditation

- Unser Verstand – Schnittpunkt von Verstrickung und Freiheit
- Die Kleshas: Leiden aus der Yoga-Perspektive
- Physische Gewohnheiten durch Somatische Erziehung ablegen
- Zu Wohlbefinden in Körper, Geist und Seele finden
- Schluss mit ungeprüften Überzeugungen!

Außerdem erhältlich

Zusammen mit *Yoga International* hat Deborah einen Video-Workshop über die Yamas & Niyamas zusammengestellt, den Sie unter https://yogainternational.com/ecourse/the-yamas-and-niyamas herunterladen können.

Kontakt

Um mehr über Deborah zu erfahren, ihren Blog zu verfolgen oder sich einen Überblick darüber zu verschaffen, was sie sonst noch zu bieten hat, besuchen Sie DeborahAdele.com [Inhalte der Webseite in englischer Sprache, Anm. d. Red.]. Sie können Deborah auch direkt unter Deborah@DeborahAdele.com kontaktieren.

Hinweis für den Leser:

> *Ich wünsche Ihnen allen Segen dieser Welt, während Sie lernen, zu einem kompetenteren Mitgestalter Ihres Lebens zu werden. Mögen Sie tagtäglich von neuen Möglichkeiten und unsagbarer Freude überrascht werden!*
>
> – Deborah Adele

Danksagungen

Ein Buch entsteht niemals in einem Vakuum; diese Erkenntnis hat mich mit Bescheidenheit und Dankbarkeit erfüllt. Allen Menschen, die an der Entstehung dieses Buches beteiligt waren, möchte ich an dieser Stelle meine tiefste Zuneigung und meinen innigsten Dank aussprechen. Eure Stimmen erklingen nicht nur auf diesen Seiten, sondern auch in meinem Herzen.

Mein größter Dank gilt den Weisen und Lehrern der yogischen Tradition, die den Reichtum dieser Lehren selbstlos an uns westliche Menschen weitergegeben und uns dadurch ein neues Gefühl für Bewusstheit, inneres Gleichgewicht und neue Möglichkeiten vermittelt haben. Mögen wir uns dieses Geschenks als würdig erweisen und diese Weisheit für das Wohl der Erde und der Menschheit nutzen.

Herzlichen Dank an Yogiraj Achala: Durch deine Liebe und deine Lehren habe ich mich Stück für Stück selbst gefunden.

Vielen Dank auch an Vyaas Houston vom American Sanskrit Institute für seine großzügige Anleitung bei der

Gestaltung der Sanskritzeichen. Er ist ein wunderbarer Mensch und seine Begeisterung für Sanskrit ist ebenso berührend wie inspirierend. Bitte informieren Sie sich unter www.americansanskrit.com über die Angebote dieses Instituts. [Anm. d. Verlags: Informationen nur in englischer Sprache verfügbar.]

Bei Catharine Larsen möchte ich mich für ihre Erkenntnisse und die Kreativität bedanken, die sie in ihre wunderschönen Haikus zu Beginn jedes Kapitels einfließen ließ. Diese Gedichte sind eine große Bereicherung für mein Buch!

Außerdem danke ich meiner Freundin und Geschäftspartnerin Ann Maxwell, tagtäglich. Obwohl ich den größten Teil dieses Buchs geschrieben habe, verdanke ich die Grundlagen und Erkenntnisse dieses Werks unserer jahrelangen Zusammenarbeit als Geschäftspartner; eigentlich stammen diese Gedanken und Erfahrungen also von uns beiden. Die Reinheit ihrer Haltung und der Mut, mit dem Ann ihr Leben führt, ziehen sich durch das ganze Buch hindurch. Wir haben unsere Partnerschaft bewusst auf der Praxis dieser Prinzipien aufgebaut; und diese Entscheidung gibt unserem Leben und unseren Gedanken immer wieder neue Relevanz.

Ganz herzlichen Dank auch an Jill Pospisil, die diesem Buch mit ihren redaktionellen Kommentaren und unermüdlichen Recherchen Klarheit und Integrität verliehen hat. Außerdem möchte ich Dr. Phil Nuernberger danken, der mich mit seiner ständigen Unterstützung und Ermutigung bei der Stange gehalten hat; Phil war ein wichtiger Lehrer in meinem Leben. Dank schulde ich auch Reverend Douglas Dirks, Dharmi Cunningham und Ron

Johnson, die so freundlich waren, dieses Manuskript zu lesen; sie haben mich ermutigt und den Inhalt meines Buches entscheidend beeinflusst. Mit ihrer Hilfsbereitschaft und Fürsorglichkeit waren sie mir eine große Stütze und haben mich immer wieder zum Schreiben motiviert.

Außerdem möchte ich mich bei Brooks und Coral Anderson für die Großzügigkeit bedanken, mit der sie mir für meine Arbeit eine rustikale Hütte am Lake Superior zur Verfügung stellten; in der Stille dieser Umgebung sind mir die Gedanken für dieses Buch wie von selbst aus der Feder geflossen. Vielen Dank auch an Nancy Hanson-Bergstrom und John Bergstrom, Catharine und Lauren Larsen und an Ron Johnson, die mich bei sich zu Hause an meinem Buch schreiben ließen.

Ein ganz herzliches Dankeschön geht an die Verleger dieses Buchs, Sara Duke und David Devere, die mich mit ihrer inneren Klarheit, ihren Ideen und ihrer Liebe zu Büchern immer wieder ermutigt und inspiriert haben. Sie haben diesen Schaffensprozess zu einem kreativen, freudigen Abenteuer gemacht, und ich bin ihnen dankbar dafür, dass sie das Risiko eingegangen sind, mein Buch zu veröffentlichen.

Vielen Dank auch an Michelle Skally Doilney und Debbie Nuernberger, die mir die Erlaubnis gaben, einfach meine Tür hinter mir zu schließen und zu schreiben.

Außerdem möchte ich mich bei der faszinierenden Gemeinschaft von Menschen bedanken, die im Yoga North Studio in Duluth (Minnesota) Yoga praktizieren und mich mit ihrem hingebungsvollen Engagement tief berührt haben.

Voller Dankbarkeit und Liebe denke ich an meine Familie und Freunde, bei denen ich diese Verhaltensprinzipien leben darf.

Doch meine tiefste Liebe und Dankbarkeit gilt meinem Ehemann Reverend Doug Paulson für seine unbeschreibliche Liebe, Fürsorge und Unterstützung. Doug liefert mir immer wieder neue Denkanstöße, ist mein bestes Vorbild für ein selbstloses Leben, ermutigt mich zu meinen geistigen Erkundungsreisen, bringt Humor in jede monotone Arbeit und macht jeden Tag zu einem großen Abenteuer.

Index

Susan Weis-Bohlen

Ayurveda Basics

Ayurvedische Grundprinzipien, Übungen für innere Balance & natürliche Heilung

208 Seiten, geb., € 19,90

Wie kaum ein anderes Buch bietet Ayurveda Basics einen idealen Leitfaden für alle, die einen Einstieg in die Weisheit von Ayurveda suchen. Denn oft erscheint die 5000 Jahre alte indische Heilkunst so umfassend, dass sie für Laien zu Beginn überwältigend sein kann. So ist es in den USA bereits eines der beliebtesten Grundlagenbücher.

Susan Weis-Bohlen nimmt den Leser an die Hand und führt ihn in übersichtlich gegliederten Kapiteln Stück für Stück in das tiefgründige medizinische System ein. Die Autorin bietet einen kurzen Überblick über die historischen Wurzeln von Ayurveda, erklärt dessen ganzheitliche Grundlagen, gibt eine hilfreiche und humorvolle Einführung in das Thema und zeigt, wie man gesunde Ayurveda-Praktiken allmählich im Alltag verankern kann.

Kate O'Donnell

Das Ayurveda-Kochbuch für einen klaren Geist

100 einfache sattvische Rezepte für jeden Tag

360 Seiten, geb., € 29,90

Mit einfachen, saisonalen und köstlichen Rezepten zeigt die Ayurveda- und Yoga-Lehrerin Kate O'Donnell dieses wahre Potenzial von Lebensmitteln auf.

In der ayurvedischen Medizin bezeichnet Sattva die klare Essenz des Geistes. Die sattvische Ernährungsweise fördert eine einfache, zufriedene mentale Energie. Neben allgemeinen sattvischen Rezepten konzentriert sich O'Donnell auch auf Rezepte zum Entspannen (Beruhigung von Rajas) und auf vitalisierende Rezepte (Belebung von Tamas).

„Eines der besten gesunden Kochbücher, das Sie lesen sollten, um die volle Balance zwischen Körper und Geist herzustellen."

– Women's Health Magazine

Sahara Rose Ketabi

Einfach Ayurveda

Mit Leichtigkeit zu Gesundheit und Glück

300 Seiten, geb., € 19,90

Einfach Ayurveda ist eine erfrischend moderne Sicht auf eine traditionelle Heilmethode, die spirituelle Konzepte verständlich erklärt – und die ultimative Ergänzung zu Ketabis Bestseller, dem Kochbuch *Eat Feel Fresh*.
Das Buch fächert auf, wie sich Ihr individueller Geist-Körper-Typ (Dosha) in Ihrer Physiologie, Ihrem Stoffwechsel, Ihrer Verdauung, Ihren Denkmustern, Ihrer Persönlichkeit und Ihren Träumen zeigt. Klassische ayurvedische Praktiken wie Zungenschaben, Ölziehen oder Massagen werden auf jedes individuelle Dosha abgestimmt. Anleitungen für Yoga & Meditation, Hausmittel für eine bessere Verdauung, gegen Kopfschmerzen, bei Hautproblemen, hormonellem Ungleichgewicht oder Erkältungen.

„Ein Muss für jeden, der zum ersten Mal mit Ayurveda in Berührung kommt oder eine umfassende Auffrischung braucht. Sahara interpretiert die ayurvedischen Weisheiten nach heutigen Maßstäben, was bei ihren Lesern auf der ganzen Welt für Begeisterung sorgt."
– Deepak Chopra, Bestseller-Autor zahlreicher Ayurveda Bücher

Greg McKeown

Essentialismus

Die konsequente Suche nach Weniger. Ein neuer Minimalismus erobert die Welt

304 Seiten, kart., € 19,80

Sich nicht zu verzetteln und mit ganzem Herzen das zu verfolgen, was wirklich wichtig ist: Das ist der Weg des Essentialisten. Der *Google*-Coach und Bestseller-Autor Greg McKeown teilt in diesem Buch seine Erfahrungen im Umgang mit den Top-Managern der erfolgreichsten Unternehmen dieser Welt, um zu zeigen, wie man mit weniger sehr viel mehr erreichen kann.
Die Strategie von McKeown, der Weg des Essentialisten, hat schon viele aus dem Griff der Belanglosigkeiten und konstanten Überforderung befreit. Die Geheimformel: Weniger, aber besser!

Sage Rountree

Everyday Yoga

Yoga für alle - vom Einsteiger bis zum Top-Athleten

Mit Core-Training für mehr Kraft und Flexibilität

168 Seiten, geb., € 19,80

Sage Rountree ist eine der führenden Yoga-Expertinnen und betreut viele Spitzensportler. In ihrem beliebten Leitfaden vermittelt sie ihren frischen und leicht umsetzbaren Ansatz für die tägliche Yoga-Praxis. Ihr Schwerpunkt liegt dabei auf der Stärkung der Rumpfmuskulatur (Core-Training), der Verbesserung des Gleichgewichts und der Flexibilität.
Dank gut verständlicher Schritt-für-Schritt-Anleitungen und anschaulicher Fotos sind die Übungsabläufe leicht nachvollziehbar. Durch angegebene Varianten lassen sich die Übungen vereinfachen oder intensivieren und dadurch perfekt an die eigenen Fähigkeiten und Bedürfnisse anpassen – für Einsteiger bis zum Topathleten. Darüber hinaus gibt es wertvolle Tipps für Sportler, um Stabilität und die Core-Muskulatur aufzubauen und somit das Verletzungsrisiko zu reduzieren.

Anette Schrag

Pilates aus dem Powerhaus - Set - Buch plus DVD -

Das Ganzkörper-Training für Einsteiger, Geübte und Profis

152 Seiten, geb., € 24,80

Das Buch gibt eine umfassende Einführung: Was ist Pilates? Bei was hilft Pilates? Hauptteil des Buches sind die wichtigsten Übungen auf der Matte. Das Besondere ist, dass die Autorin diese jeweils für 3 Schwierigkeitsgrade erklärt – für Einsteiger, Geübte und Profis. Damit ist das Buch für jeden hilfreich. Zahlreiche Fotos und Abbildungen veranschaulichen Schritt für Schritt die Trainingsmethode.
Die DVD rundet das Gelehrte ab. Dort finden sich neben den Übungen auch zwei Trainingseinheiten von 20 und 30 Minuten. Auch hier werden immer die 3 Schwierigkeitsgrade dargestellt.
Anette Schrag ist langjährige Pilates-Instructorin und kann auf ungewöhnlich klare und begeisternde Art ihr „PowerHAUS"-Pilates vermitteln.